As Ilusões do Pós-Modernismo

Terry Eagleton

As Ilusões do Pós-Modernismo

Tradução:
Elisabeth Barbosa

ZAHAR

Para Willa

Título original:
The Illusions of Postmodernism

Tradução autorizada da edição inglesa
publicada em 1996 por Blackwell Publishers,
de Oxford, Inglaterra

Jorge Zahar Editor Ltda.
rua Marquês de S. Vicente 99 – 1º | 22451-041 Rio de Janeiro, RJ
tel (21) 2529-4750 | fax (21) 2529-4787
editora@zahar.com.br | www.zahar.com.br

Grafia atualizada respeitando o novo
Acordo Ortográfico da Língua Portuguesa

Capa: Flávia Portela
Composição: TopTextos Edições Gráficas

Ilustração: G. Bassirov,
detalhe, da série *Pessoas com peso*

CIP-Brasil. Catalogação-na-fonte
Sindicato Nacional dos Editores de Livros, RJ

Eagleton, Terry, 1943-
E11i As ilusões do pós-modernismo / Terry Eagleton; tradução Elisabeth Barbosa. — Rio de Janeiro: Zahar, 1998.

Tradução de: The illusions of postmodernism
ISBN 978-85-7110-463-1

1. Pós-modernismo – Aspectos sociais. I. Título.

CDD: 303.4
98-0825 CDU: 301.175

Sumário

Prefácio

A palavra *pós-modernismo* refere-se em geral a uma forma de cultura contemporânea, enquanto o termo *pós-modernidade* alude a um período histórico específico. Pós-modernidade é uma linha de pensamento que questiona as noções clássicas de verdade, razão, identidade e objetividade, a ideia de progresso ou emancipação universal, os sistemas únicos, as grandes narrativas ou os fundamentos definitivos de explicação. Contrariando essas normas do iluminismo, vê o mundo como contingente, gratuito, diverso, instável, imprevisível, um conjunto de culturas ou interpretações desunificadas gerando um certo grau de ceticismo em relação à objetividade da verdade, da história e das normas, em relação às idiossincrasias e a coerência de identidades. Essa maneira de ver, como sustentam alguns, baseia-se em circunstâncias concretas: ela emerge da mudança histórica ocorrida no Ocidente para uma nova forma de capitalismo — para o mundo efêmero e descentralizado da tecnologia, do consumismo e da indústria cultural, no qual as indústrias de serviços, finanças e informação triunfam sobre a produção tradicional, e a política clássica de classes cede terreno a uma série difusa de "políticas de identidade". Pós-modernismo é um estilo de cultura que reflete um pouco essa mudança memorável por meio de uma arte superficial, descentrada, infundada, autorreflexiva, divertida, caudatária, eclética e pluralista, que obscurece as fronteiras entre a cultura "elitista" e a cultura "popular", bem como entre a arte e a experiência cotidiana. O quão dominante ou disseminada se mostra essa cultura — se tem acolhimento geral ou constitui apenas um campo restrito da vida contemporânea — é objeto de controvérsia.

Embora essa distinção entre pós-modernismo e pós-modernidade me pareça útil, não lhe dediquei especial atenção neste livro. Optei por adotar o termo mais trivial "pós-modernismo" para abranger as duas coisas, dada a evidente e estreita relação entre elas. Como aqui interessam-me mais as ideias do que a cultura artística, não me detenho em obras de arte isoladas. Tampouco analiso teóricos específicos, o que pode causar estranheza a alguns. Minha preocupação reside menos nas formulações rebuscadas da filosofia pós-moderna do que na cultura, no meio ou mesmo no modo de ver e reagir do pós-modernismo. Tenho em mente menos os voos filosóficos mais elevados sobre o assunto do que aquilo em que um tipo específico de aluno provavelmente acredita hoje; e embora considere muitas das coisas que eles creem falsas, tentei dizer isso de uma forma tal que pudesse convencê-los de que não era assim que pensavam originalmente. Ao fazê-lo, acuso vez por outra o pós-modernismo de fabricar alvos imaginários, de caricaturar as posições de seus adversários, acusação esta que bem poderia retirar por conta própria. Mas isto se dá, em parte, porque aspiro precisamente a essas marcas "populares" do pensamento pós-moderno, e, em parte, porque o pós-modernismo constitui um fenômeno tão híbrido, que qualquer afirmação sobre um aspecto dele quase com certeza não se aplicará a outro. Portanto, pode acontecer de um determinado teórico haver, em sua obra, questionado ou mesmo rejeitado algumas das visões que atribuo ao pós-modernismo de um modo geral; todavia, elas constituem um tipo de sabedoria reconhecida, e nesse sentido não me considero culpado de paródia excessiva. Ao contrário, embora predomine uma análise negativa do tema, tentei admitir o lado bom do pós-modernismo sempre que possível, chamando atenção tanto para seus pontos fortes como para os fracos. Não se trata apenas de se posicionar a favor ou contra o pós-modernismo, conquanto, na minha opinião, haja mais motivos para se opor a ele do que para apoiá-lo. Da mesma forma que se dizer "pós-modernista" não significa unicamente que você abandonou de vez o modernismo, mas que o percorreu à exaustão até atingir uma posição ainda profundamente marcada por ele, deve haver algo como um pré-pós-modernismo, que percorreu todo o pós-modernismo e acabou mais ou menos no ponto de partida, o que de modo algum não significa que não tenha havido mudanças.

Parte da força do pós-modernismo resulta do fato de que ele existe, ainda que, no que tange ao socialismo nos dias de hoje, tal afirmativa se afigure bem mais questionável. Com a devida vênia a Hegel, pareceria agora que o real é irracional, e o racional, irreal. Ao longo deste estudo, julguei o pós-modernismo sob uma ótica abertamente socialista; o que não quer dizer, por certo, que o socialismo também não tenha seus problemas. Ao contrário, esta ideia revela-se hoje provavelmente mais importuna e especulativa que em qualquer outro estágio de sua turbulenta carreira. Seria desonestidade intelectual fingir que o marxismo não representa mais uma realidade política atuante, ou que as perspectivas de mudança socialista, pelo menos neste momento, não passam de remotíssimas. Ocorre que, nestas circunstâncias, seria bem mais prejudicial que desonesto renunciar à visão de uma sociedade justa e, dessa forma, aquiescer à desordem pavorosa em que se encontra o mundo atual. Não estou propondo, portanto, que tenhamos à mão uma alternativa pronta para o pós-modernismo, mas apenas que podemos fazer muito melhor; e não é preciso ser um socialista convicto, muito menos um marxista devoto, para conceder nisso.

Uma palavra, enfim, que sirva de consolo aos adversários. Tentei criticar o pós-modernismo sob o aspecto político e teórico, em vez de simplesmente apelar ao senso comum. No entanto, parece-me inevitável que conservadores que invectivam o pós-modernismo por razões que considero as mais indignas endossem alguns dos meus argumentos. Os radicais e os conservadores, afinal de contas, necessariamente compartilham um terreno comum, caso contrário haveria entre eles um conflito sobremaneira mais grave. Os radicais, por exemplo, são tradicionalistas, assim como os conservadores; o que os distingue é que eles aderem a tradições inteiramente diferentes. Conviria àqueles pós-modernistas que sustentam que os radicais devem abster-se de criticar uns aos outros para não acirrar o ânimo dos reacionários lembrar as limitações de uma política baseada mais no oportunismo que na verdade, por mais que prefiram o último termo posto entre alarmantes aspas. Se, com efeito, os leitores conservadores se virem apoiando sinceramente a transformação socialista da sociedade depois de lerem este livro, ficarei muito satisfeito.

O aspecto mais pós-modernista deste livro consiste no seu descarado plágio de si mesmo. Embora a maior parte do texto seja original, vali-me de alguns escritos anteriores de minha autoria, que foram publicados nas revistas *London Review of Books*, *The Times Literary Supplement*, *The Monthly Review*, *Textual Practice* e *The Socialist Register*. Devo agradecer aos editores dessas publicações a gentil permissão de republicá-los, e espero que nenhum leitor assine todas elas. Dedico também profunda gratidão a Peter Dews e Peter Osborne, que tiveram a generosidade de ler este livro na forma de manuscrito e deram sugestões indiscutivelmente úteis.

T.E.

1. Primórdios

Imagine um movimento radical que tenha sofrido uma derrota estrondosa. Tão estrondosa, de fato, que parecia improvável que saísse do ostracismo antes do decurso de uma vida, quando muito. A derrota que me ocorre não se resume ao desprezo tão tristemente familiar à esquerda política, e sim representa uma repulsa de tal modo definitiva, que pareceu desacreditar até mesmo os paradigmas que essa política tradicionalmente cultivou. Seria, agora, menos uma questão de combater com severidade essas noções do que de contemplá-las com um pouco do interesse benévolo dos antiquários com que se deve tratar a cosmologia ptolemaica ou a escolástica de Duns Scotus. Essas noções já não pareceriam estar em conflito atroz com a linguagem da sociedade convencional, pois nesse ponto simplesmente não haveria mais termos de comparação — discursos de planetas diferentes e não de nações adjacentes. Que aconteceria se, de uma hora para outra, a esquerda, em vez de se sentir oprimida ou frustrada, se visse simplesmente extinta, dona de um discurso de tal forma desarmônico com os tempos modernos que, assim como com a linguagem do gnosticismo ou do amor cortês, ninguém mais se daria ao trabalho de investigar sua exatidão? Que aconteceria se a vanguarda viesse a tornar-se o remanescente, seus argumentos ainda pouco inteligíveis ecoando em algum espaço interplanetário metafísico onde iriam acabar como um mero grito abafado?

Como se espera que a esquerda política reagisse a uma derrota desse tipo?

Muitos, sem dúvida, por ceticismo ou boa-fé, descambariam para a direita, arrependendo-se de suas ideias passadas e reputando-as idealismo infantil. Outros manteriam a fé por hábito ou nostalgia, aferrando-se a uma identidade ilusória e correndo o risco da neurose que dela pode advir. Existem, afinal, aqueles devotos para quem nada neste mundo serve para desvirtuar suas crenças — aqueles cristãos, por exemplo, que, fiéis ao que os doutores da ciência chamam de "subdeterminação de dados pela teoria", continuariam a reunir-se sorridentes em torno da mesa eucarística, mesmo depois de todo o mundo já ter se dado conta de que os evangelhos são fraudulentos do início ao fim. Com efeito, existem hoje membros da Igreja Anglicana se comportando mais ou menos assim. Mas também se poderia esperar outras reações. Um pequeno bando de triunfalistas da esquerda, otimistas incuráveis, com certeza seguiria detectando sinais iminentes de revolução na mais leve sombra de militância. Há aqueles em que o impulso radical persistiria, mas seria forçado a mudar de direção. Numa época assim, imagina-se, predominaria a crença da inviolabilidade natural do sistema; e um grande número de posições radicais aparentemente desconexas nasceria desse pressuposto sombrio.

Seria de se esperar, por exemplo, um surto de interesse nas margens e lacunas do sistema — naqueles pontos ambíguos, indeterminados em que seu poder parecia menos implacável, as margens obscuras por onde ele se foi consumindo até o silêncio. O sistema não podia ser violado; mas podia ao menos ser momentaneamente transgredido, esquadrinhado em busca dos pontos nevrálgicos em que sua autoridade vacilava e se dissolvia. Atraídos por essas falhas, talvez até chegássemos à conclusão de que *não há* centro para a sociedade; mas, ao mesmo tempo que teríamos aí um meio conveniente de racionalizar a nossa impotência, isso só faria sentido à custa de admitirmos que tampouco pode haver margens. Seria de se esperar que esse próprio fato tenha sido preconcebido para a teoria — que uma consciência desesperada do conluio entre o centro e as margens, poder e ruptura, do jogo furtivo de gato e rato que fazem entre si, estaria fatalmente associada com a afirmação perturbadora de tudo que o próprio sistema expeliu sob a forma de tanto detrito, de tudo que sua racionalidade dominante parecia não incorporar. Seria possível entrever muita celebração das margens e das minorias como sendo positivas por si sós — ponto de vista de todo absurdo, evidentemente, visto que as margens e as minorias incluem hoje em dia os neonazistas, os ufomaníacos, a burguesia internacional e aqueles que acreditam na eficácia de espancar adolescentes delinquentes até o sangue correr. A ideia de um movimento *majoritário* criativo, tanto para essa mentalidade como para o liberalismo à moda antiga de John Stuart Mill, daria impressão de paradoxo, justo porque essa linha de pensamento, providencialmente amnésica, seria incapaz de evocar um exemplo de sistema beneficiador ou de movimento de massa convidativo. Levado ao extremo, um caso desses teria dificuldade em aceitar uma corrente que deixou de ser marginal para se tornar politicamente dominante (o Congresso Nacional Africano, por exemplo), dado o preconceito formalista contra a "dominância" em si. Pela lógica, ela jamais poderia esperar que seus valores chegassem ao poder. As próprias ideias de sistema, consenso e organização acabariam estigmatizadas de uma maneira meio anarquista, tachadas de prejudiciais por aqueles comprometidos com um relativismo tolerante.

A base histórica dessa crença reside na falência temporária dos movimentos políticos concomitantemente de massa, de centro e produtivos; mas tal fato não basta para que uma análise do ponto de vista histórico proceda à generalização que transforma essa crença em doutrina universal. Adotariam essa teoria os que eram jovens demais para lembrar de uma política de massa radical, mas que tiveram suficientes experiências desastrosas e funestas com as maiorias opressivas. Também se poderia desvalorizar indiscriminadamente as noções de lei e autoridade, como se não existisse esse negócio de lei de proteção ou de autoridade benigna. Teóricos ridicularizariam a insanidade da Lei nos enclaves burgueses protegidos por guardas de segurança particulares, festejando a transgressão por considerá-la boa por si só quando se preocupa com o abuso infantil. Ainda haveria a possibilidade de protesto; mas como o sistema logo se acomodaria à existência desse transtorno, a reação radical estaria dividida de acordo — entre um pessimismo precário, por um lado, e uma visão entusiasmada da diferença, mobilidade e ruptura constantes, por outro. A distância entre tudo isso e o deprimente mundo circunscrito da vida social e econômica sem dúvida pesaria muito; mas essa lacuna poderia estreitar-se se prestássemos atenção nesses poucos enclaves sobreviventes onde coisas desse tipo ainda têm vez, onde ainda se pode saborear um prazer ou diversão não totalmente submissos ao poder. A linguagem e a sexualidade seriam os primeiros candidatos a esse papel, permitindo-nos antever o aumento descomunal do interesse em tais assuntos no período em questão. Palestras intituladas "Restituindo o ânus a *Coriolanus*" atrairiam hordas de acólitos excitados, pouco versados em burguesia mas muito em sodomia. A divisão entre pessimismo e euforia, no entanto, reapareceria aqui também: alguns pensadores alertariam para o quanto o discurso e a sexualidade estavam sendo policiados, regulados, carregados de poder, enquanto outros continuariam a sonhar com um símbolo liberado ou com uma sexualidade desimpedida. Não se abandonaria o impulso radical; mas ele mudaria gradualmente do transformativo para o subversivo, e ninguém além dos anunciantes falaria mais de revolução. O entusiasmo da fase anterior mais promissora do radicalismo sobreviveria, mas agora se misturaria com o pragmatismo calejado de seu resultado desiludido, para dar à luz um novo tipo de ideologia de esquerda, que se poderia chamar de pessimismo libertário. Continuaríamos a sonhar com outro utopista para o sistema, na verdade para todo o conceito de sistema ou regime como tal, sem jamais deixarmos de insistir na recalcitrância do poder, na fragilidade do ego, na força devoradora do capital, na insaciabilidade do desejo, na inevitabilidade do metafísico, na invencibilidade da Lei, nos efeitos imprevisíveis da ação política e também na total facilidade de burlar-nos em nossas esperanças mais secretas. O sonho de libertação persistiria, por mais que se zombasse da ingenuidade daqueles tolos o bastante para acreditar na sua viabilidade. Não seria de todo impossível topar com pessoas que desejaram ver a Época do Homem perecer e votaram no partido liberal-democrático.

Existem outras razões para prevermos o culto da ambiguidade e da indeterminação nessas circunstâncias. Em certas nações altamente empresariais, em que se emprega o termo "agressivo" como elogio e se considera falha moral sentir-se pessimista em relação a algo, os conceitos de hesitação, negatividade, insolubilidade e congêneres podem ganhar vulto, figurando como o maior exemplo de radicalismo desde a Longa Marcha. Mas também é verdade que o interesse pelo conhecimento rigoroso, determinado, diminui bastante quando uma autêntica transformação política parece fora de questão. Não há sentido em continuar trabalhando a duras penas no Museu Britânico, consumindo montes de teoria econômica indigesta, se o sistema mostra-se simplesmente inexpugnável. Uma das narrativas mais patéticas da história moderna relata como homens e mulheres vítimas de vários tipos de opressão vieram a adquirir, em geral à custa de muito sacrifício pessoal, o tipo de conhecimento técnico necessário para uma compreensão mais profunda de sua própria condição e, consequentemente, para a conquista de um pouco do arsenal teórico indispensável para mudá-la. Soa como uma afronta informar essas pessoas de que, na metáfora econômica da vida intelectual hoje dominante nos EUA, elas estão se tornando meras acionistas das clausuras (*closures*) conceituais de seus mestres, ou se mancomunando com o falocentrismo. Os que gozam do privilégio de não precisar saber, para quem politicamente nada está em jogo no conhecimento racional e preciso, pouco têm a perder ao exaltar as virtudes da insolubilidade. Não há motivos por que os críticos literários não deveriam voltar-se para a autobiografia ou para o anedotalismo, ou simplesmente fatiar seus textos e entregá-los ao seu editor numa caixa de papelão, se não assumem uma posição política de forma a precisar de um conhecimento emancipatório.

Se se reputa o sistema todo-poderoso, ponto de vista que ignora o fato de que ele possui uma riqueza formidável de recursos ao mesmo tempo que representa um fracasso retumbante, então a oposição só pode partir de fora dele. No entanto, sendo ele realmente todo-poderoso, por definição nada pode existir além dele tanto quanto nada pode existir além da curvatura infinita do espaço cósmico. Se o sistema está em toda parte, isto significa que, assim como o verdadeiro Todo-poderoso, ele não aparece em nenhum ponto específico, ou seja, é invisível, e, nessa condição, pode-se alegar que não se trata de sistema coisa nenhuma. O pansistêmico pode transformar-se, com um pequeno empurrão, no antissistêmico. Há uma linha tênue entre sustentar a impraticabilidade de representar a totalidade e afirmar sua inexistência. Talvez esta afirmativa queira dizer, presume-se, que não existe mais o tipo clássico e "centrado" de sistema; mas aqueles vanguardistas que insistiam em definir o *sistema em si* dessa maneira simpaticamente antiquada poderiam chegar à conclusão natural de que ele evaporou de vez. Mesmo se ele existiu, e mesmo *tendo existido* alguma coisa fora dele, fosse o que fosse, ela se constituiria menos uma oposição que algo impossível de se comparar, incapaz de exercer qualquer poder sobre o próprio sistema. Se se trouxesse uma força assim para dentro da órbita do sistema com o fito de desafiá-lo, sua não identidade se contaminaria no mesmo instante e seu poder subversivo minguaria para o nada. Aquilo que nega o sistema na teoria o faz devido à sua incapacidade de negá-lo na prática. É bem provável que haja alguma alteridade para tudo que temos, sem dúvida ela deve estar roçando nossa pele e escorrendo pelos nossos dedos neste exato momento; mas somos impotentes para nomeá-la, visto que isto implica já a havermos suprimido. Tudo aquilo que pudéssemos compreender só seria assimilado através de uma cumplicidade com a nossa lógica degradada, e por conseguinte incapaz de nos salvar, enquanto o exótico ou subversivo de verdade fugiria completamente aos nossos modelos de representação e soaria tão fútil quanto o misterioso *númeno* de Kant.

Seria de se esperar, portanto, que um período político assim estivesse bem fornido de várias correntes de pseudomisticismo, seduzido por tudo que permita escapar do conceito, enfeitiçado por aqueles espasmos da mente que confundem suas classificações costumeiras, que criam em nós um certo estado extático de indeterminação em que se transcende a fronteira entre identidade e não identidade (ainda que não pudéssemos *saber* disso, evidentemente), e o impasse lógico que acabei de descrever se dissolve em vez de se resolver. Esse "pensamento" se revelaria ao mesmo tempo utópico ao extremo, lutando para vencer as limitações da linguagem a fim de vislumbrar algum estado ainda incompreendido além dela, e um fantástico desvio do impasse político genuíno. Numa ambivalência interessante, não nos admiraríamos de encontrar certos radicais denunciando uma totalidade que eles tomaram por real, e outros descartando a questão por considerá-la uma quimera do cérebro exaltado e compulsivamente totalizante. Alguns, poderíamos vaticinar, presumiriam que o sistema dominante é negativo por inteiro — que nada *dentro* desse todo perfeitamente não contraditório poderia por definição ter serventia —, e se afastariam dele por covardia para idealizar algum Outro numênico. Esse culto sem dúvida faria par com uma autodilaceração culpada por parte de alguns rebentos do primeiro mundo que ansiariam por ser qualquer outra pessoa que não eles próprios. Poderíamos prever um grande surto de interesse por tudo que se mostrasse alienígena, fora dos padrões, exótico, inassimilável. Talvez houvesse um aumento de curiosidade pelos animais irracionais; ou talvez os teóricos radicais estivessem tentando feito loucos se comunicar com porcos-da-terra ou com os habitantes de Alfa Centauro, na esperança, é claro, de que seus contatos permanecessem devidamente ininteligíveis.

Outros pensadores, menos ultraesquerdistas românticos, sem dúvida se esforçariam para inventar uma nova versão para a noção clássica de "crítica imanente", convencidos de que ela existia dentro da lógica do sistema que, escancarado e explorado de uma determinada maneira, poderia servir de instrumento para miná-la. Segundo a noção tradicional de crítica imanente, o fantasma de um futuro político alternativo esvazia o sistema justo nesses pontos em que ele não coincide na estrutura consigo próprio, desconstruindo dessa forma a distinção entre "dentro" e "fora". Assim como existem maneiras de seguir regras que acabam por transformá-las, ou em que as regras lhe insinuam quando livrar-se delas, o mesmo ocorre dentro de qualquer sistema que inscreve sua diversidade na sua interioridade. Poderíamos redefinir esse conceito anacrônico da crítica imanente como, digamos, uma "desconstrução". Isto, porém, revestido dos novos modismos, invariavelmente não passaria de uma escaramuça estratégica ou de uma subversão efêmera, um rápido assalto de guerrilha à fortaleza da Razão, uma vez que para ela tornar-se sistêmica significaria tornar-se vítima da própria lógica que ela questionou. Seria uma crítica gerida mais no nível mental que no nível de forças políticas; com efeito, deveríamos interpretá-la, em parte, como esse exato desvio. Tratar-se-ia de uma forma dadaísta de política, devota do gesto dissidente, da recusa iconoclástica, do acontecimento inexplicável. Se nesse ponto fôssemos exumar um momentoso teórico da carnavalização, um que festejasse uma ruptura esporádica de todo incapaz de desmantelar a Lei que parodiava, adivinharíamos sem erro que ele de pronto daria à luz uma grande indústria acadêmica. O grotesco se constituiria a moda, enquanto os monstros e o masoquismo disparariam na bolsa de valores intelectual.

Por trás dessa linha de pensamento se ocultaria a suposição da ideia de *sistema criativo* como oxímoro e da noção de antissistema criativo como tautologia. E, por trás disso, por sua vez, residiria o fato histórico de que haveria muitíssimo poucos exemplos de sistema político criativo disponíveis no mercado. Não fosse assim, poderíamos sem esforço imaginar todo esse estilo de pensamento transfigurado de uma hora para outra. Se seus expoentes houvessem pertencido a um período histórico diferente — digamos, no advento tumultuado de uma forma nova e inspiradora de vida social —, quase com certeza eles teriam descartado muitas das doutrinas que preservaram. Enquanto permanece em ebulição um movimento de massa radical, não é difícil invalidar uma oposição binária simplista entre o Sistema e seus Outros, o primeiro convertido em demônio e o segundo em anjo, uma vez que esses "outros" não passam de produtos óbvios do próprio sistema, e se sabem como tal. E é justamente porque exercem um papel até certo ponto crucial nele que têm o poder de mudá-lo. Mas também fica mais fácil afastar a ideia de que essa crítica imanente só pode ser espasmódica, tática, ou uma questão minoritária. Pois se evidenciaria que existem *sistemas contraditórios*, formas de vida bastante alternativas em conflito umas com as outras; e que qualquer distinção formalista entre "sistema", por um lado, e "dissenso", por outro, é simplesmente implausível. Aqueles que esquadrinham em busca de uma força apropriada para combater "o sistema" em geral não passam de autênticos monistas engalanados de roupagem pluralista, esquecidos do conflito e contradição extremos do próprio "sistema". A dificuldade de sentir isso na tranquilidade de Oxford ou de Santa Cruz não se constitui desculpa decente para tal lapso.

Para os radicais, descartar a ideia de totalidade num ataque de holofobia significa, entre outras coisas mais positivas, munir-se de algum consolo muito precisado. Pois num período em que nenhuma ação política de grande projeção se afigura com efeito exequível, em que a assim chamada micropolítica parece a ordem do dia, soa como um alívio converter essa necessidade em virtude — persuadir-se de que as próprias limitações políticas têm, por assim dizer, uma base ontológica sólida, pelo fato de que a totalidade social resume-se afinal a uma quimera. Não importa se não existe agente político à mão para transformar o todo, uma vez que na verdade não existe um todo a ser transformado. Isto equivaleria a, tendo perdido a faca do pão, declararmos já fatiado o pão inteiro. As totalidades, pensando bem, precisam existir para alguém; e agora parece não haver pessoa alguma para quem a totalidade represente totalidade. Tradicionalmente, costumava-se pensar que ela se destinava a grupos que necessitavam com urgência conseguir algum entendimento geral de suas condições opressoras de vida para poderem começar a fazer algo para mudá-las. Para conquistar liberdade e felicidade, algumas pessoas carecem de compreender a maneira pela qual sua situação específica se entrelaça com um contexto mais amplo, cuja lógica contribui para determinar seus destinos. Todas as totalidades derivam de situações altamente peculiares, e temos aqui um dos vários aspectos que iremos examinar em que a universalidade e a diferença ou especificidade não se constituem de forma alguma simples opostos.

Se esses entrelaçamentos não se mostram de modo espontâneo na experiência cotidiana, podemos então, como bons empiristas, agarrarnos a este fato para lançar dúvida sobre a noção geral de um sistema global. Como alternativa, perguntamos se não poderiam existir mecanismos que justificassem esse hiato entre como as coisas são e como elas parecem ser. Ninguém, por certo, jamais *viu* um sistema, como ninguém bateu com os olhos no id de Freud, na Universidade de Cambridge ou no Fundo de Assistência à Criança; mas parece precipitado e temerário concluir disso que nenhum deles existe. Trata-se mais de uma questão de especular se não haveria certos efeitos regulares em nossa vida diária que pudéssemos compreender razoavelmente considerando o impacto sobre ela de um conjunto coerente, ainda que invisível, de forças. Foi assim, aliás, que Freud veio a desenterrar o inconsciente, entidade defendida com devoção por alguns dos que duvidam de que possamos falar com coerência do sistema capitalista transnacional. Esse tipo de especulação não faz qualquer reivindicação quando se posiciona quanto à *natureza* desse sistema — se é centrado ou sem centro, unificado ou assimétrico, caracterizado por um princípio determinante ou redutível a uma essência singular. Mas claro que sempre podemos tornar a vida confortável para nós identificando a noção geral do sistema com um certo essencialismo simplório, permitindo assim que o conceito se anule obedientemente.

A questão, de todo modo, é que o conceito de totalidade implica um sujeito para quem ela faria alguma diferença prática; mas esse tal sujeito foi rechaçado, incorporado, dispersado ou metamorfoseado em algo sem existência, por isso o conceito de totalidade tem grandes chances de cair junto com ele. Isto é, a menos que queiramos preservar a ideia de subversão na ausência de qualquer agente provável dela, caso em que sempre podemos alegar que o próprio sistema se subverte, combinando assim um pouco de ceticismo com um pouco de radicalismo. Ocorre que agora não pareceria haver ninguém para quem a ideia oferecesse muita serventia, como haveria, digamos, numa era de nacionalismo revolucionário; e, como a árvore do bispo Berkeley, ela iria portanto desvanecer-se discretamente pelo simples fato de ninguém lhe prestar atenção. Destarte, o descrédito teórico da ideia de totalidade não surpreende numa época de derrota política para a esquerda. Muito do seu ceticismo, afinal de contas, provém de intelectuais que não contam com qualquer razão especialmente forte para situar sua existência pessoal dentro de uma estrutura política mais ampla. Há outros, entretanto, não tão auspiciosos assim. Não se trata, então, apenas de uma escolha entre pontos de vista alternativos, embora existam teóricos megalomaníacos e falocêntricos, que gostam de chamar atenção pela grandeza de suas ideias, e pensadores mais modestos e meticulosos, que preferem aderir a uma política quase imperceptível de tão pequena. Pensar nisso como uma escolha entre estilos intelectuais constitui, por si só, um gesto idealista. Até que ponto se pode qualificar seu ponto de vista de "global" não depende do quanto você deseja que seus livros impressionem pela grossura, mas da posição que você assume, ainda que preferisse assumir uma posição diferente da sua.

Existem aqueles pensadores radicais que acreditam sinceramente que a crença na totalidade não passa de um óbice irresistível à verdadeira mudança política, como acontece com alunos com bloqueio mental que se sentem incapazes de dizer qualquer coisa antes de terem compreendido tudo. Talvez a antitotalidade refira-se aqui mais a uma questão estratégica que teórica: pode muito bem haver algum tipo de sistema total, mas, uma vez que nossas ações políticas não conseguem combatê-lo como um todo, o melhor conselho seria então que dançássemos conforme a música e partíssemos para projetos mais modestos porém mais viáveis. Este argumento merece nosso crédito, ainda que não necessariamente nosso endosso. Outros objetam a noção de sociedade como um todo pelos mesmos motivos de Margaret Thatcher. Não buscar a totalidade representa apenas um código para não se considerar o capitalismo. Mas o ceticismo em relação às totalidades, de esquerda ou de direita, costuma ser um tanto espúrio. Ele em geral acaba significando uma desconfiança de certos tipos de totalidade e um endosso entusiasta de outros. Alguns tipos de totalidade — prisões, patriarcado, o corpo, ordens políticas absolutistas — se constituiriam tópicos aceitáveis de discussão, enquanto outros — modos de produção, formações sociais, sistemas doutrinários — sofreriam uma censura velada. Talvez se pense que todas as totalidades são "essencialistas", redutíveis a algum princípio determinante único; mas não é o que acontece, por exemplo, com a simpática aldeia ao norte de Devonshire, Porlock. Porlock, pode-se alegar, certamente representa uma totalidade na medida do possível: quase nunca se tem dúvida sobre o lugar em que ela começa ou termina, e raras são as chances de se confundi-la com a próxima aldeia ao longo da costa. Possui fronteiras bem demarcadas, e fica evidente se tratar dela e não de outra coisa. Mesmo assim, entretanto, duvida-se de que se possa reduzir Porlock a uma simples força propulsora, tal como a rua principal ou a loja de flores, que denuncia todas as suas partes integrantes com impecável imparcialidade. Não há por que supor que as totalidades sejam sempre homogêneas; e se o globo está mesmo perdendo funestamente a identidade, isto tem mais a ver com as operações do capitalismo transnacional e com as formas culturais que vão nas suas águas, do que com a paranoia dos teóricos políticos de esquerda. A ideia de que a totalidade só existe na imaginação não passa de uma doutrina extraordinariamente idealista para um credo que se pretende materialista.

Captar a forma de uma totalidade exige um raciocínio rigoroso e cansativo, o que vem a ser uma das razões de por que aqueles que não têm necessidade de fazê-lo venham a se maravilhar com a ambiguidade e a indeterminação. Existem pessoas que precisam ter alguma ideia de como as coisas são para que elas possam libertar-se, e outras para quem frases do tipo "como as coisas são" cheiram a objetivismo, cientismo, falocentrismo, a sujeitos excessivamente desinteressados e a um monte de outros casos horripilantes. (Parece que também existem aqueles para quem declarações como "Lord John Russell tornou-se assim primeiro-ministro" representam exemplos insidiosos de "positivismo".) Na época hipotética que estamos tomando como exemplo, podemos esperar que se derrame boa quantidade de sangue e tinta sobre questões de epistemologia — curiosamente, sob certo aspecto, uma vez que não se trata, decerto, da área mais relevante da investigação filosófica. Mas presume-se que haveria uma necessidade de explicar como e se podemos conhecer o mundo diante do aparente colapso de alguns modelos epistemológicos clássicos, um colapso intimamente relacionado com a perda da noção de representação política. Pois a prática consiste sem dúvida num dos meios primários com que defrontamos o mundo; e se nos negam alguma de suas formas mais ambiciosas, não tardará e nos pegaremos imaginando se existe mesmo alguma coisa lá fora, ou no mínimo se existe algo quase tão fascinante como nós próprios. Talvez estejamos todos apenas aprisionados dentro do nosso discurso. Trata-se de uma metáfora reveladora, que entende a linguagem mais como obstáculo do que como horizonte, e poderíamos inventar uma analogia física para ela: se eu pudesse sair da minha cabeça, eu conseguiria saber se existe alguma coisa lá fora. Se fosse possível eu sair de trás das paredes do meu corpo, eu conseguiria encarar o mundo de frente. Do jeito que está, tenho de atuar nele dessa maneira canhestra e a longo prazo. Mas um corpo, evidentemente, representa apenas uma maneira de agir sobre o mundo, um meio de acesso a ele, um ponto a partir do qual um mundo se organiza com coerência. "Um corpo está onde existe algo para ser feito", como disse certa vez Maurice Merleau-Ponty. O mesmo se aplica à linguagem, o dentro dela é também um fora, cujo "interior" se constitui como uma abertura infindável para um "exterior", uma constante autossuperação ou surto em direção a objetos que desmantelam a distinção entre imanente e transcendente, visto que um está inscrito no outro. (Por que, certa vez perguntou-se Ludwig Wittgenstein, falamos do mundo "exterior"? Exterior a quê?) Frequentar uma linguagem já significa por si só frequentar bem além dela, e o interior de nossa linguagem nos informa justamente que existe algo que a transcende. O discurso pode revelar-se ofuscante, sem dúvida — mas não porque ele se interpõe entre mim e o mundo, tanto quanto eu não preciso livrar-me do meu braço para chegar à xícara de café que ele segura.

Não nos surpreenderia, portanto, num tempo como esse, ver a esquerda política obcecada pela epistemologia, embora só mesmo um cínico pudesse suspeitar que esse fascínio mórbido se constituísse uma forma de desvio político. Questionar se o significante produz o significado ou vice-versa, embora sem dúvida seja importante, não foi bem o que tomou de assalto o Winter Palace ou derrubou o governo de Heath. Mas sempre existem condições políticas para esse desvio político. Quando um movimento radical vem fazendo progressos, há grandes chances de sua prática estar condicionando diretamente sua epistemologia. Em tempos assim, não é necessária nenhuma teoria esotérica para se reconhecer que o mundo material é no mínimo real o bastante para se agir sobre ele e alterá-lo; ou que ele é também, na maior parte do tempo, fechado e autônomo o suficiente para resistir às intenções dos outros em relação a ele; ou que nossas doutrinas teóricas ou desejos políticos talvez precisem submeter-se a uma remodelação para se adaptarem às suas demandas imperiosas. Também costuma evidenciar-se que um erro cognitivo — digamos, confundir a classe dominante que você enfrenta com uma gangue de ex-feudalistas magnatas, quando eles na verdade não passam de um bando de banqueiros graúdos — vai contribuir para trazer efeitos constrangedores à sua prática política.

Nessas circunstâncias, você pode sempre seguir o conselho dos pragmatistas e ver suas proposições cognitivas como meros meios de promover seus almejados objetivos políticos; mas, se você não quer acabar como um stalinista, recomenda-se que não faça isso. A epistemologia stalinista é exatamente desse tipo. Afinal de contas, existe uma ligação profunda entre as questões da epistemologia e as da história política. Uma vez que algum experimento político ambicioso encalhou, as suposições realistas implícitas nessa prática estão fadadas a parecer menos convincentes. Aí entraria com grande probabilidade alguma forma de idealismo para substituí-las, mas de um tipo convenientemente moderno: numa época em que se falar de "consciência" perdeu o *sex-appeal*, seria mais aconselhável falar do mundo como uma construção do discurso, digamos, e não da mente, ainda que em muitos aspectos no final não fizesse diferença. Tudo se tornaria uma interpretação, inclusive essa afirmação, em que a ideia de interpretação se apagaria por completo e deixaria tudo exatamente como estava. Uma epistemologia radical resultaria, com toda a conveniência, numa política conservadora. Se o discurso tem acolhimento geral, ele se torna um *a priori* privilegiado tanto quanto o idealismo metafísico mais feroz — aquele de que, como Deus ou *Geist*, somos incapazes de ficar atrás tanto quanto o somos de saltar fora de nossa pele. Tratar-se-ia, sem dúvida, de um reducionismo sociológico crasso entender a diferença entre experimentar o mundo como resistência material e considerá-lo um efeito do discurso como uma distinção entre trabalho manual e mental, ou entre cidadão e intelectual. Também seria imprudência ignorar por inteiro uma afirmação dotada dessa vulgaridade tão cheia de frescor. Não surpreenderia muito que os principais expoentes dessas teorias acabassem por revelar-se tipos literários e filosóficos — se existissem, por exemplo, poucos historiadores profissionais e absolutamente nenhum cientista profissional entre os nomes mais badalados. Esse novo idealismo caminharia na certa lado a lado com aquela forma especial de reducionismo conhecida como culturalismo, sobre a qual me estenderei mais adiante, que deprecia de modo drástico o que os homens e as mulheres têm em comum como criaturas naturais, materiais, e que por tolice julga toda conversa sobre natureza insidiosamente mistificadora e superestima o significado da diferença cultural.

Essas não são, claro está, as únicas razões por que a epistemologia tende a entrar em crise num período assim. É de se esperar uma profusão dessas causas, algumas das quais inclino-me a ver como a maneira pela qual a realidade se apresenta para nós na sociedade do espetáculo. Não se pode imaginar que uma pessoa habituada a assistir televisão durante oito horas por dia se pareça com o sujeito que uma vez conquistou a Índia ou anexou o Caribe. A epistemologia das discotecas e dos *shoppings* não é a epistemologia do tribunal do júri, da capela ou da cabine de votação. Nessas circunstâncias, podemos esperar encontrar formas de subjetividade se digladiando entre si, como indivíduos autoidênticos demais para acolherem a diferença que se viram frente a frente com indivíduos descentrados demais que de cara tinham muito a comunicar. Sujeitos produtores e sujeitos consumidores, autores vivazes de si próprios e autoalienados bonançosos se misturariam de maneira incongruente no mesmo corpo. Quando Stuart Hall escreve que "Nós não podemos mais conceber 'o indivíduo' como um Ego íntegro, centrado, estável e acabado",[1] somos tentados a indagar, como é reconhecidamente costume da esquerda, de quem se trata esse "nós". Ele inclui bispos e gerentes de banco? O sujeito unificado consiste numa mera forma de falsa consciência, dissipável a um toque de desconstrução ou a uma expansão do consumo? E, sendo assim, por que seus críticos também se opõem à noção de falsa consciência?

Muito disso sem dúvida se faria sentir de modo diferente numa época de militância política. Num período desses, ninguém precisaria recorrer a Godard ou a Mallarmé para saber como era ser "descentrado"; só que essa descentralização seria de um tipo "intencional" ou "transitivo", voltada para certos projetos e envolvida em intricadas solidariedades com os outros, em vez de alguma condição "intransitiva" ou estado ontológico fixo do tipo de um grave acesso de gripe. Indivíduos perfeitamente autoidênticos, que pudessem se nomear com toda a segurança, a princípio não sentiriam necessidade alguma de se revoltar. E essa rebelião nem poderia vingar a menos que seus agentes também fossem, ainda que em caráter provisório, autoafirmativos e razoavelmente seguros, munidos de objetivos definidos, e autoidênticos o suficiente para levá-los a cabo. Essas ações políticas ambiciosas, em outras palavras, prometem desconstruir a tediosa oposição entre "humanista" e "anti-humanista", sujeitos independentes e egos resultantes de um processo, indivíduos de uma fartura bakhtiniana absoluta e outros de uma escassez lacaniana alarmante. Quando essas iniciativas se frustram, não surpreende que uma força compulsivamente repetitiva venha a rachar essas oposições. Na época que estamos imaginando, a ideia de um sujeito humano unificado o bastante para entabular uma ação significativamente transformadora poderia implodir pouco a pouco, junto com a fé no conhecimento que costumamos tomar por certo. Em vez disso, teceríamos loas ao sujeito esquizoide, bagunçado, cuja capacidade de amarrar os próprios sapatos, sem falar na de derrubar a situação política vigente, permaneceria uma incógnita. E isso, mais uma vez, significaria, entre outras coisas, fazer de uma necessidade histórica uma virtude teórica. Ao mesmo tempo, poderia prover-nos de opiniões assaz férteis sobre nós mesmos, transcendendo esses exatos sujeitos autoidênticos e autores de si próprios que nos meteram nessa mixórdia política.

Que mais podemos antever de uma época assim? Haveria sem dúvida uma perda generalizada da fé na ideia de teleologia, em vista da provisão cronicamente escassa de ação histórica deliberada. De jeito nenhum podemos reduzir tal ceticismo a esse fato, tampouco podemos dissociá-lo dele por completo. Considerando-se que um regime uniformemente opressivo agora regesse tudo, também pareceria compreensível procurar em volta por algum setor da vida em que certo grau de prazer, acaso ou liberdade ainda pudesse sobreviver de modo precário. Talvez você chamasse isso de textualidade, ou linguagem, ou desejo, ou o corpo, ou o inconsciente. Seria irônico, por sinal, que se pensasse a noção de primariedade do desejo como uma crítica do iluminismo, visto que se trata, de Hobbes a Holbach, de um credo iluminista. Pode-se prever um interesse crescente na psicanálise, que, entre outras coisas melhores, é a subliteratura do ser pensante, ao mesmo tempo estrenuamente analítica e vividamente sensacionalista. Se ela nunca tivesse existido, os intelectuais dissidentes teriam decerto de inventá-la. A psicanálise em certo sentido também é um discurso radical, mas sem implicações políticas muito concretas ou imediatas. Ela assim figuraria como um tipo conveniente de linguagem para atividades radicais em uma época de desorientação política.

Se questões mais abstratas de estado, categoria, modo de produção e justiça econômica mostraram-se por ora muito difíceis de solucionar, sempre podemos desviar nossa atenção para algo mais familiar e imediato, mais sensível e particular. Pode-se esperar o aparecimento de uma nova somatologia, em que o corpo assumiria agora o papel de protagonista teórico. Com efeito, sem dúvida logo haveria mais corpos na crítica literária do que nos campos de Waterloo. Tratarei desse assunto mais adiante; no momento, vale especular que a linguagem ou a textualidade também pudessem tornar-se essas regiões residuais da liberdade em um mundo assustadoramente quantificado, e se poderia imaginar isto acabando por levar a um enriquecimento sem par de nossa compreensão delas, a partir de um conjunto novo e de notável originalidade de temas centrais filosóficos. Mas também seria possível ver como isso na mesma hora funcionaria como aprofundamento e desvio. Os terrores e encantos do significante, suas armadilhas, seduções e subversões: tudo isso poderia de imediato apresentar-se como uma forma inusitada e revigorada de política, e como um substituto atraente de energias políticas bloqueadas, um simulacro de iconoclasmo numa sociedade politicamente quiescente.

Seria como se todo grande drama, todo dispêndio arriscado e extravagante que deveriam ter pertencido à nossa vida moral e política em condições históricas mais propícias, tivessem agora sido empurrados de volta para o teatro contemplativo da leitura, em que os impulsos frustrados poderiam no mínimo manter-se seguros, e em que certos desfazimentos aventureiros não mais viáveis na realidade política poderiam ser vicariamente alimentados no nível do discurso. Haveria um contraste gritante entre a organização deprimente da vida social, por um lado, e, por outro, as quedas e derrapagens do significante; e pode-se até imaginar alguns teóricos tentando refutar a acusação de que foi tudo tirado de uma realidade enfadonha pela investida preventiva de modelar o próprio mundo num livro.

O culto do texto preencheria assim a função ambivalente de toda utopia: prover-nos de uma imagem frágil de uma liberdade que de outra forma deixaríamos de comemorar, mas, ao fazê-lo, confiscar algumas das energias que poderíamos ter investido na sua efetiva realização. E podemos imaginar essa exorbitância do discurso se estendendo para além do próprio texto, para abranger vícios de linguagem de um modo geral. Se não é mais possível realizar nossos desejos políticos na prática, então devemos em vez disso direcioná-los para o signo, livrando-os, por exemplo, de suas impurezas políticas e canalizando para alguma campanha linguística todas as energias reprimidas que não mais servem para pôr fim a uma guerra imperialista ou para derrubar a Casa Branca. A linguagem, naturalmente, é tão real quanto tudo o mais, como o sabem por experiência própria os que são alvo de calúnias raciais ou sexistas, e o discurso civilizado ou amigável é uma parte necessária da vida social. Mas a linguagem, como todo o resto, também pode vir a figurar como um fetiche — tanto no sentido marxista de ser reificada, investida de um poder excessivamente numinoso, como no sentido freudiano de substituir algo no momento indefinivelmente ausente. Negar que há uma distinção significativa entre o discurso e a realidade, entre praticar genocídio e falar dele, significa, entre outras coisas, uma racionalização dessa condição. Tanto faz que projetemos a linguagem na realidade material ou a realidade material na linguagem, o resultado vem a confirmar que não há nada tão importante como falar. E se isso por si só não fala com eloquência da situação política embaraçosa de um impasse deveras específico do globo, é difícil saber o que fala. Os mais sensíveis às questões da correta terminologia étnica estariam então condescendendo numa prática totalmente etnocêntrica.

Há mais uma especulação que podemos fazer sobre um período desses, que, dada a sua improbabilidade palmar, exponho com o máximo de hesitação. Não está fora de questão que, na aparente ausência de qualquer "outro" para o sistema dominante, de qualquer espaço utópico além dele, alguns dos teóricos mais desesperados do momento poderiam acabar por encontrar o outro do sistema nele mesmo. Poderiam, em outras palavras, vir a projetar utopia no que realmente possuímos, encontrando, digamos, nas adaptações e transgressões da ordem capitalista, no hedonismo e nas pluralidades do mercado, na circulação de forças na mídia e na *disco music*, uma liberdade e realização que os nossos políticos mais puritanos ainda adiam implacavelmente para algum futuro que recua cada vez mais. Eles poderiam misturar o futuro com o presente e assim fazer a história ir escorregando de modo abrupto para um fim. Se isso acontecesse, valeria a pena nos perguntarmos quem tem autoridade para denunciar e cancelar a história. Quais são as condições históricas da promulgação do fim da história? Seria a intenção disfarçada de fato, assim como o caso de alguém que diz que parou de chover só porque estava louco para sair de casa? A história, no sentido da modernidade, chegou ao fim porque triunfamos na solução de seus problemas, ou porque eles agora nos parecem (a quem?) pseudoproblemas, ou porque acabamos desistindo da empreitada? Se nunca existiu uma dinâmica interna na história, ela já não estava desativada? Toda ela acabou, ou só certas partes dela? A emancipação de povos oprimidos tanto quanto a dominação da natureza? E se os fundamentos acabaram, por que existe hoje tanto fundamentalismo por aí? Por que a boa nova do fim da ideologia parece ter tomado conta de Berkeley ou de Bolonha, mas não de Utah ou de Ulster? É de se esperar que essa utopia prematura venha acompanhada de uma celebração da cultura popular como sendo positiva por inteiro, como inegavelmente democrática em vez de positiva e manipulativa ao mesmo tempo. Os radicais, como todo mundo, podem acariciar seus grilhões, decorar suas celas de prisão, rearrumar as cadeiras no convés do *Titanic* e descobrir a verdadeira felicidade na carência absoluta. Mas isso — a derradeira identidade entre o sistema e sua negação — representa uma sugestão tão cínica que é deveras difícil de se conceber.

Imagine, por fim, a possibilidade mais bizarra de todas. Falei de sintomas de derrota política: *mas e se essa derrota nunca tivesse realmente acontecido?* E se fosse menos uma questão de a esquerda estar se insurgindo e sendo reprimida e mais uma questão de desintegração, uma perda gradual de fibra, uma paralisia progressiva? E se o confronto nunca chegou a realizar-se, mas as pessoas *agiam* como se ele tivesse ocorrido? Como alguém que apresentasse todos os sintomas da raiva sem ter nunca chegado perto de um cão raivoso.

2. AMBIVALÊNCIAS

Não há, evidentemente, necessidade alguma de *imaginar* um período assim. Trata-se do período que estamos vivendo, e se chama pós-modernismo — embora a sua abrangência e ubiquidade sejam temas de controvérsia. Há, portanto, algo a ganhar como o fastidioso ardil retórico de fingir predizer o que já está nos saltando aos olhos? O sentido de tirar uma página do livro do pós-modernismo, transformando-o dessa forma em ficção, tratando-o como um mundo possível em vez de real, reside em aliená-lo a ponto de podermos captar algo de sua lógica histórica. É como se, colocando o fenômeno real entre parênteses, pudéssemos de todo modo tirar muitas conclusões dele a partir do fato inegável de uma derrota política observada — como se pudéssemos trabalhar às avessas a partir desse dado e chegar por meio desse experimento mental à gema, reinventando seus vários aspectos com espírito puramente hipotético até que eles viessem, como num passe de mágica, a corresponder à coisa real.

Isto, é preciso dizer, constitui em certo sentido um truque ultrajante. Com efeito, ninguém poderia interpretar a desconstrução ou a correção política separadamente do desenrolar da militância da classe trabalhadora ou do massacre do movimento estudantil. A necessidade histórica só pode aparecer retrospectivamente, como um constructo ou hipótese posterior ao evento. E, de todo modo, não há evidentemente nada necessário acerca do pós-modernismo, como concordariam seus apologistas do aleatório, visto existirem muitos consectários possíveis para uma suposta surra política. Mas se prever o futuro servindo-se de uma observação retroativa confere uma inevitabilidade espúria ao que, a princípio, jamais precisou acontecer, isto se dá a fim de lembrar-nos de que nenhum velho futuro vai servir — que a cultura pós-moderna, como podemos apreciá-la agora, representou um futuro especificamente *plausível* para aquele passado específico, como o último ato do *Rei Lear* faz sentido em relação aos quatro atos precedentes que nunca o ditaram. De onde mais que o pós-modernismo possa brotar — da sociedade "pós-industrial", do último fator de descrédito da modernidade, da recrudescência da vanguarda, da transformação da cultura em mercadoria, da emergência de novas forças políticas vitais, do colapso de certas ideologias clássicas da sociedade e do sujeito — ele não deixa de ser, acima de tudo, o resultado de um fracasso político que ele ou jogou no esquecimento ou com o qual ficou o tempo todo brigando em pensamento.

Ninguém esperava que os próprios pós-modernistas fossem aplaudir essa proposição. Ninguém gosta muito de saber que é o efeito de um fracasso histórico, assim como não ouvimos com simpatia que somos rebentos de Satã. Certamente não se trata, em ambos os casos, da mais heroica das origens. Essa narrativa não aborda tão só outro exemplo da teleologia linear, historicista, reducionista que o próprio pós-modernismo rejeita peremptoriamente? Logo adiante, trataremos do historicismo; mas se a narrativa não precisa ser reducionista, isto se dá porque seria absurdo imaginar que isso é *tudo* que o pós-modernismo é. Em primeiro lugar, boa parte dele remonta ao auge do modernismo, a despeito dos seus eventuais protestos em contrário, que assim lhe confere um *pedigree* mais prolongado que qualquer simples fenômeno pós-anos 60. Em segundo lugar, fica difícil explicar como Madonna, as construções em estilo gótico ou a ficção de Martin Amis descendem de uma desordem política, embora deva haver sem dúvida algum crítico cultural arrojado a tentá-lo.

Se o pós-modernismo cobre tudo desde o *punk* à morte da metanarrativa, dos fanzines a Foucault, como conceber que um único esquema explanatório possa fazer justiça a uma entidade de uma heterogeneidade tão fantástica assim? E se a criatura é tão diversa, como podemos simplesmente nos posicionar a favor ou contra ela, como alguém que se diga contra ou a favor do Peru? Se há alguma unidade no pós-modernismo, ela só pode residir nas "semelhanças familiares" wittgensteinianas; e nesse sentido ele parece oferecer um exemplo instrutivo de seu antiessencialismo dogmático, do qual falaremos mais adiante. Se o pós-modernismo nada mais fosse que o efeito de uma derrota política, seria difícil, falando em termos impressionistas, justificar seu tom com frequência exuberante, e impossível explicar qualquer um de seus atributos mais positivos. Nós nos sentiríamos, por exemplo, forçados a afirmar que sua única conquista mais duradoura — o fato de que ajudou a colocar questões de sexualidade, gênero e etnicidade com tanta firmeza na pauta política, a ponto de não concebermos sua retirada sem uma luta tremenda — nada mais foi que um substituto para formas mais clássicas de política radical, que trabalhava com classe, estado, ideologia, revolução, modos materiais de produção.[1]

Que os tópicos políticos privilegiados do pós-modernismo têm, de fato, entre outras coisas, função substitutiva parece-me inegável. Ninguém que se tenha deparado com o frágil conceito de "classismo", que parece resumir-se apenas a não se sentir socialmente superior aos outros, ou que tenha observado, em certos debates pós-modernistas sobre gênero e neocolonialismo, os efeitos lamentáveis de sua ignorância em relação à estrutura de classes e às condições materiais, poderia subestimar, nem por um momento, as perdas políticas desastrosas aqui em jogo. A política do Ocidente está transbordando de radicais cuja ignorância das tradições socialistas, sobretudo das próprias, decerto deriva, entre outras coisas, da amnésia pós-modernista. E estamos falando do maior movimento de reforma que a história já testemunhou. Agora nos vemos confrontados com a situação de certa forma absurda de uma esquerda cultural que mantém um silêncio indiferente ou embaraçado diante daquele poder que é a cor invisível da vida cotidiana em si, que determina nossa existência — às vezes literalmente — em quase todos os cantos da terra, que decide em grande parte o destino das nações e os conflitos cruentos entre elas. É como se pudéssemos questionar quase todas as outras formas de sistema opressor — estado, mídia, patriarcado, racismo, neocolonialismo —, menos a que com tanta frequência define a agenda a longo prazo para todas essas questões, ou, no mínimo, está envolvida com elas até a alma.

O poder do capital mostra-se agora de uma familiaridade tão desencorajante, de uma onipotência e onipresença tão elevadas, que mesmo grandes setores da esquerda lograram naturalizá-lo, aceitando-o como uma estrutura de tal modo inexorável, que é como se eles mal tivessem peito para tocar no assunto. Necessário se faria, para uma analogia adequada, imaginar uma direita falida envolvida até não poder mais em discussões sobre a monarquia, a família, a morte do cavalheirismo e a possibilidade de recuperar a Índia, enquanto mantém um silêncio hesitante sobre o que, afinal, representa seu interesse mais visceral, os direitos de propriedade, visto que, de tão exaustivamente expropriados, chegava a parecer mero academicismo falar deles. Como no conformismo darwiniano, boa parte da esquerda cultural assumiu a forma de seus ambientes históricos: se vivemos numa época em que não conseguimos desafiar com sucesso o capitalismo, então para todos os efeitos ele não existe. Quanto ao marxismo, Lênin não passou de um "elitista", as organizações teórica e política são "masculinas", — um pequeno avanço intelectual, este — progresso histórico é "teleologia" e tudo que tenha a ver com produção material, "economismo". No que diz respeito à "teoria", o fato de o Ocidente estar repleto de zumbis homens, jovens e brilhantes, que sabem tudo de Foucault e não muito de sentimentos, não justifica que se conclua que Julia Kristeva deveria ter se limitado à poesia lírica. Muito tempo atrás, caímos num desastre obscuro chamado iluminismo, resgatado por volta de 1972 pelo primeiro felizardo leitor de Ferdinand de Saussure. O analfabetismo político e o esquecimento histórico tão fomentados pelo pós-modernismo, com seu culto da moda teórica de brilho efêmero e superficial e do consumo intelectual instantâneo, devem com certeza constituir motivo de júbilo para a Casa Branca, na hipótese de a tendência não morrer antes de chegar-lhes aos ouvidos.

Nada disso, entretanto, sugere que a política do pós-modernismo *não passe de* variáveis para um desejo político que não ousa dizer seu nome. Ao contrário, ela não só representa questões de importância histórica mundial, como a aparição na ribalta teórica de milhões que foram alijados e descartados, tanto pelos esquerdistas tradicionais como pelo próprio sistema. As reivindicações dessas pessoas não consistiram apenas numa nova série de demandas políticas, mas numa transfiguração imaginária do próprio conceito de política. Saberíamos que os desvalidos tinham chegado ao poder quando a palavra "poder" tivesse perdido seu sentido original. A mudança paradigmática que ocorreu então — uma verdadeira revolução na nossa concepção das relações entre poder, desejo, identidade, prática política — constitui um aprofundamento incomensurável da política descarnada, anêmica e taciturna de uma época anterior. Qualquer socialismo que não se transformar à luz dessa cultura fecunda e bem articulada com certeza vai à falência logo de saída. Cada um de seus endeusados conceitos — classe, ideologia, história, totalidade, produção material — terá de passar por uma revisão geral, junto com a antropologia filosófica que os sustenta. Desnudaram-se de maneira embaraçosa as cumplicidades entre o pensamento de esquerda e algumas das categorias dominantes a que ela se opõem. No auge de sua militância, o pós-modernismo emprestou a voz aos humilhados e insultados e, ao fazê-lo, ameaçou abalar ao extremo a autoidentidade dominante do sistema. E por causa disso quase podemos perdoar-lhes os excessos palmares.

A política do pós-modernismo, portanto, significou ao mesmo tempo enriquecimento e evasão. Se eles lançaram questões políticas novas e vitais, isto se dá, em parte, porque bateram em retirada diante de impasses políticos mais antigos — não por eles terem desaparecido ou se solucionado, mas porque por ora se mostravam intratáveis. No início dos anos 70, era comum ver teóricos culturais discutindo o socialismo, os signos linguísticos e a sexualidade; no final dos anos 70 e início dos 80, eles continuavam com a lenga-lenga sobre signos linguísticos e sexualidade; pelo fim dos anos 80, falavam sobre sexualidade. Não se tratava, vale dizer, de um desvio da política para outra coisa, visto que a linguagem e a sexualidade são políticas até a raiz dos cabelos; mas se revelou, por conta de tudo isso, uma maneira valiosa de deixar para trás algumas questões políticas clássicas, tais como por que a maioria das pessoas não dispõe do suficiente para comer, que acabaram de certa forma escorraçadas da ordem do dia. O feminismo e a etnicidade hoje gozam de popularidade por se fazerem lembrar como algumas das lutas políticas mais vitais que confrontamos na realidade. Essa popularidade também se deve ao fato de não se mostrarem necessariamente anticapitalistas, desse modo combinando bem com uma época pós-radical. O pós-estruturalismo, que emergiu por vias oblíquas da efervescência política do final dos anos 60 e início dos 70, e que, como certos militantes arrependidos, tornou-se gradativamente apolítico depois de expatriado, representou, entre outras coisas, uma maneira de manter acesa, no nível do discurso, uma cultura política que havia sido varrida das ruas. Ele também conseguiu sequestrar boa parte daquela energia política, sublimando-a ao significante num tempo em que pouquíssima subversão de qualquer outro tipo parecia à mão. A linguagem da subjetividade imediatamente suplantou e suplementou questões de ação e organização política. Questões de gênero e etnicidade quebraram de vez o cerco da esquerda ocidental do homem branco, da qual o mais que podemos dizer é que pelo menos não estamos mortos, e se expressaram na maioria das vezes por meio de um discurso culturalista em excesso, que pertence justo àquela parte do globo. O prazer voltou com força total para infestar um radicalismo cronicamente puritano, e também se revelou uma versão cínica do hedonismo consumista. O corpo — um tema tão óbvio e importuno para ser ignorado sem a menor cerimônia durante séculos — abalou as estruturas de um discurso racionalista exangue, e está no momento em vias de tornar-se o maior fetiche de todos.

Talvez valha observar que o estilo de pensamento que estou testando aqui, conhecido tradicionalmente como mentalidade dialética, não se mostra muito favorável aos pós-modernistas em si. Tentar pensar os dois lados da contradição ao mesmo tempo não se constitui de modo algum seu estilo predileto, até porque a contradição não tem muito espaço no seu léxico. Ao contrário, por todo seu discurso sobre diferença, pluralidade, heterogeneidade, a teoria pós-moderna com frequência trabalha com oposições binárias um tanto rígidas, em que os termos "diferença", "pluralidade" e congêneres aparecem bravamente alinhados num lado da cerca teórica na qualidade de positivos sem sombra de dúvida, ao passo que tudo que represente sua antítese (unidade, identidade, totalidade, universalidade) fica classificado de modo sinistro do outro. Antes de entrarem na batalha, esses guerreiros conceituais mal-encarados foram em geral sutilmente atacados — corrompidos, estropiados ou parodiados de alguma maneira, a fim de que a vitória das forças angelicais se tornasse quase certa. Nos seus alcances filosóficos mais refinados, a teoria pós-moderna reconhece a interdependência de termos como identidade e não identidade, unidade e diferença, sistema e Outro; mas, quando se trata de *sensibilidade*, não restam dúvidas de que lado ela deposita suas simpatias. Diferentemente da maioria dos pós-modernistas, eu mesmo sou um pluralista acerca do pós-modernismo, acreditando, à moda pós-moderna, que também existem versões diferentes para se contar do pós-modernismo, algumas consideravelmente menos positivas que as outras.

Apesar de toda a sua tão alardeada abertura para o Outro, o pós-modernismo pode se mostrar quase tão exclusivo e crítico quanto as ortodoxias a que ele se opõe. Pode-se, em geral, falar da cultura humana mas não da natureza humana, de gênero mas não de classe, do corpo mas não da biologia, de fruição mas não de justiça, do pós-colonialismo mas não da burguesia mesquinha. Trata-se de uma heterodoxia de todo ortodoxa, que como qualquer forma imaginária de identidade precisa de seus bichos-papões e alvos imaginários para manter-se na ativa. De modo geral, ele não se sente à vontade em fazer declarações do tipo "o humanismo liberal, a despeito de todas as suas ilusões patéticas, é em certos aspectos um fenômeno iluminado o bastante se comparado a Átila, rei dos hunos"; em vez disso, prefere poupar-se do trabalho do pensamento dialético com pronunciamentos do tipo "Frank Raymond Leavis era um reacionário", para logo em seguida passar a denunciar julgamentos absolutos e afirmações totalizantes. Ele sabe que o conhecimento é precário e autodestrutivo, que a autoridade é repressora e adversa ao diálogo, com toda a certeza de um geômetra euclidiano e com toda a autoridade de um arcebispo. Embora inspire-se no espírito crítico, raras vezes o usa para tratar das próprias proposições. A história intelectual do marxismo está salpicada de atos autorreflexivos, visto que os marxistas procuraram entender um pouco das condições históricas da possibilidade das próprias doutrinas; até agora, o pós-modernismo não produziu nada nem remotamente equivalente. Um livro intitulado *Post-Structuralism and the Question of History* faz severas críticas, em apenas nove páginas, a qualquer tentativa de esclarecer o conceito histórico de Jacques Derrida de *diferença*. "O pós-estruturalismo e a questão da história dos outros" talvez coubesse melhor como título.

A cultura pós-modernista produziu, em sua breve existência, um conjunto de obras ricas, ousadas e divertidas em todos os campos da arte, que de forma alguma podem ser imputadas a uma rejeição política. Ela também gerou um excesso de material *kitsch* execrável. Derrubou bom número de certezas complacentes, escancarou totalidades paranoicas, contaminou purezas protegidas com desvelo, distorceu normas opressoras e abalou bases de aparência frágil. Como consequência, desorientou de modo adequado aqueles que sabiam perfeitamente quem eram, e desarmou os que precisavam saber quem eram diante daqueles que queriam demais dizer a eles quem eram. E criou um ceticismo ao mesmo tempo animador e paralisante, e destituiu da soberania o Homem Ocidental, pelo menos na teoria, por meio de um genuíno relativismo cultural impotente para defender tanto a mulher ocidental como a oriental das práticas sociais degradantes.

O pós-modernismo desmistificou a mais teimosamente naturalizada das instituições ao desnudar as convenções que as governam, e assim às vezes se precipitou para um tipo de neossofisma segundo o qual, visto que todas as convenções são arbitrárias mesmo, devemos também nos adaptar àquelas do Mundo Livre. A obra de Richard Rorty, que tem o mérito de expor abertamente suas inclinações políticas, serve como um bom exemplo disso. Ao arrancar as bases metafísicas que sustentavam seus adversários radicais, conseguiu evitar o estorvo de envolver-se diretamente com a política deles. Quem precisa derramar uma crítica detalhada do pensamento mais esquerdista quando se pode argumentar, com muito mais efeito, que todo discurso social é cego e indeterminado, que não se pode chegar a uma conclusão sobre o que é "real", que todas as ações além de um reformismo timorato vão proliferar de maneira perigosa fora do nosso controle, que não existem de antemão agentes bastante coerentes para empreender essas ações, que afinal não há um sistema total para se mudar, que as armadilhas do poder já interceptaram qualquer atitude de aparente oposição, e que o mundo não existe de nenhuma maneira específica, considerando que podemos saber tanto dele a ponto de fazer essa afirmativa?

Mas ao tentar remover as bases que sustentam seus adversários, o pós-modernismo acaba por se ver puxando o tapete debaixo de si mesmo, restando-lhe apenas como razão para resistir ao fascismo a desculpa fragilmente pragmática de que não é assim que se faz em Sussex ou Sacramento. Ele abateu a austeridade intimidadora do apogeu do modernismo com seu espírito brincalhão, parodista e populista e assim, arremedando a forma de mercadoria, conseguiu reforçar os rigores ainda mais mutiladores gerados pelo mercado. Desatrelou o poder do local, do regional e do idiossincrático, e ajudou a homogeneizá-los em todo o globo. Seu nervosismo em relação a conceitos como verdade alarmou os bispos e encantou os executivos, assim como sua compulsão para colocar termos como "realidade" entre assustadoras aspas devolve o devoto *Burger* para o seio de sua família mas faz a alegria da sua agência de publicidade. Ele lançou o significante por meios que levaram os autocratas a agarrarem-se às suas certezas banais, e ao fazê-lo viu-se a si próprio imitando uma sociedade fundamentada na ficção do crédito, em que se desova dinheiro tão certo quanto signos geram signos. Nem os financistas nem os semiólogos têm grandes simpatias pelos referentes materiais. Ele se caracteriza por uma desconfiança profunda na Lei, mas sem sua presença intimidadora seria privado dos próprios desvios e transgressões, que são seus parasitas. Está repleto de recomendações morais — hibridez é preferível à pureza, a pluralidade à singularidade, a diferença à autoidentidade — e denuncia esse universalismo como sendo um resquício opressor do iluminismo. Como qualquer segmento do antirrealismo epistemológico, nega consistentemente a possibilidade de descrever a situação do mundo, e com a mesma consistência vê-se agindo assim. Ao mesmo tempo libertário e determinista, sonha com um sujeito humano livre de limitações, deslizando feito um desvairado de uma posição a outra, e sustenta simultaneamente que o sujeito é o mero efeito do conjunto de forças que o constituem. Ele apresentou alguns *insights* originais sobre Kant, junto com boa quantidade de tartufice. Acredita em estilo e em prazer, e costuma produzir de modo mecânico e em abundância textos que os próprios computadores, em vez de só servirem de instrumento, deveriam gerar.

Afirmei que não há necessidade de interpretar a minha exposição do pós-modernismo como reducionista; mas ela é, sem dúvida, em um dos vários sentidos incompatíveis da palavra, historicista, e isto também os próprios pós-modernistas não costumam aceitar. Pois a teoria pós-modernista desconfia de histórias lineares, sobretudo daquelas em que ela aparece como nada mais que um episódio. Nesse sentido, ela difere da teoria socialista, que se satisfaz em ver-se como parte de uma época determinada — a do capital em si — e fica feliz com o fato de não mais precisar continuar em ação quando esse tempo passar, se passar. Os socialistas se verão enfim eximidos da inconveniência de suas crenças, em que há pouco lucro e raro prazer, e se sentirão livres para falar sobre algo mais agradável, para variar, como a riqueza das imagens na obra de Joseph Conrad ou a qualidade curiosamente macia e barrenta da pedra de Cotswold.

O pós-modernismo, ao contrário, não pode mesmo chegar a um termo, tanto quanto não poderia haver um fim para a pós-Maria Antonieta. Ele não é, aos próprios olhos, uma "etapa da história", mas a ruína de todo esse pensamento etapista. Ele não vem depois do modernismo no mesmo sentido que o positivismo vem depois do idealismo, mas no sentido de que o reconhecimento de que o rei está nu vem depois de se olhar para ele. E assim, da mesma forma como era verdade que o imperador esteve nu o tempo todo, sob certo aspecto o pós-modernismo existia mesmo antes de começar. Num determinado nível pelo menos, ele não passa da verdade negativa da modernidade, um desmascaramento de suas pretensões míticas e, portanto, presume-se que fosse tão legítimo em 1786 quanto o é hoje. Esse modo de pensar não deixa muito confortável o pós-modernismo, visto que seu relativismo histórico o faz cauteloso diante dessas verdades transitóricas; mas essa afirmação, no final das contas, representa o preço que ele tem de pagar por recusar-se a ver a si próprio, pelo menos em termos filosóficos, como apenas mais um movimento na grande sinfonia da História, que pela lógica deriva de seu predecessores e prepara o caminho para o que vem depois.

O que o pós-modernismo recusa não é história mas a História — a ideia de que existe uma entidade chamada História, dotada de propósito e sentido imanentes, que se vai desdobrando furtivamente à nossa volta até quando falamos. Mas decretar o fim dessa entidade revela-se um tanto paradoxal, visto que, ao fazê-lo, não há como evitar de abraçar a lógica que se recusa. Equivaleria mais ou menos a discorrer sobre o momento em que começou o tempo ou imaginar que algo chamado eternidade vai iniciar a partir de nossa morte. Se podemos *definir a data* do fim da História — se o pós-modernismo decolou nos anos 60 ou 70, ou quando supostamente acabaram o fordismo, a cultura autônoma ou as metanarrativas —, isto quer dizer que ainda estamos até certo ponto dentro da estrutura daquele relato linear. "Até certo ponto" porque é difícil saber se a finalização encontra-se dentro ou fora do que ela realiza, assim como é difícil saber se a fronteira de um terreno faz ou não parte dele. Mas, uma vez que a finalização precisa representar a finalização de algo um mínimo específico, um fim para *isso* e não para aquilo, fica difícil deixar de sentir que o pós-modernismo nasce do modernismo da mesma maneira que o modernismo nasceu do realismo. A dificuldade do pós-modernismo quanto a isso reside no fato de que, se no plano cultural ele de fato parecia um período histórico determinado, no plano filosófico ele devia existir há muito tempo, muito antes de qualquer pessoa ter notícia do significante ou dos circuitos de excitação libidinosa.

Enfim, o "pós" é um marcador histórico ou teórico? Se a História como a modernidade a concebe não passa de ilusão, então algumas alegações pós-modernistas com efeito se mostraram verdadeiras o tempo todo, ainda que não possamos distinguir com precisão verdadeiras *para* quem. Para começar, nunca existiu qualquer Progresso ou Dialética ou Espírito-de-Mundo; o mundo não é assim, nem nunca foi. Mas a teoria pós-moderna desconfia de frases como "do jeito que o mundo é", ou era; será que ela não está opondo a "ilusão ideológica" à "verdade", numa jogada epistemológica que consideraria ingênua demais? Talvez então a modernidade tenha sido mesmo, no seu tempo, bastante real — talvez essas noções de progresso e de dialética e de todo o resto tenham apresentado resultados concretos, tenham de certa forma correspondido realmente a alguma realidade histórica. Mas, nesse caso, o pós-modernismo só consegue sua imunidade à ingenuidade epistemológica à custa de um historicismo que ele reputa repugnante tanto quanto. Isto também sugere certa superioridade nossa em relação ao passado, o que pode ofender seu relativismo antielitista.

É por isso que a ideia do pós-modernismo como verdade *negativa* da modernidade revela-se uma manobra necessária, uma vez que permite que se rejeite a modernidade sem alegar que você o faz a partir de um ponto mais elevado do desenvolvimento histórico, o que sem dúvida significaria tornar-se presa das próprias categorias da modernidade. O pós-modernismo precisa mesmo ter noção de como anda o mundo, se ele quer poder afirmar que, digamos, Hegel sob vários aspectos estava enrascado quanto a isso; mas as ideias de como anda o mundo parecem pertencer a uma racionalidade desgastada do iluminismo. A solução mais ladina para esse dilema é nietzschiana: o mundo *não existe de nenhuma maneira específica*, portanto o que há de errado com a modernidade é o simples fato de que ela acredita existir uma forma inerente para tudo. O pós-modernismo não está proferindo outra narrativa sobre a história, apenas negando que a história tem forma de história. A objeção, em outras palavras, não reside em amordaçar conceitualmente a história dessa ou daquela maneira, mas em amordaçar conceitualmente tudo — para ser mais exato, como Foucault objeta regimes específicos de poder não por razões morais — pois de onde nasceria esse critério em sua teoria? —, mas só por serem regimes e, portanto, segundo uma vaga ótica libertária, repressivos por natureza. (O lado mais pessimista de Foucault, no entanto, mostra-se desencantado demais para endossar seus sonhos malucos de multiplicidade.)

Mas há problemas nessa objeção ao amordaçamento conceitual. Primeiro, como podemos *saber* que a história não existe de nenhuma maneira específica? Certamente, teríamos de estar ocupando uma posição no Olimpo para ter certeza de uma coisa dessas. Segundo, a questão revela-se de um formalismo suspicaz: toda tentativa de forçar a história a um padrão específico causa tanto prejuízo como qualquer outra? Isto soa implausível: parece que precisaríamos de elementos com matizes mais sutis de discriminação, só não sabemos ao certo de onde eles procederiam. Talvez pudessem derivar dessa forma, que, como num passe de mágica, faz surgir de uma questão formal um conteúdo moral: o mundo em si não passa de um jogo sem fim de diferença e não identidade, e o que esmaga de modo mais brutal tudo isso é o que mais merece repreensão. Assim poderíamos preservar nossa ontologia sem o constrangimento de ter de fingir que nada havia para escolher entre Goethe e Goebbels.

Mas isso só resolve um problema para criar outro. Se a diferença e a não identidade representam simplesmente a maneira como as coisas são, o que corresponde a dizer de nenhuma maneira determinada, e se isso se constituir numa verdade que só compreenderíamos se pudéssemos pôr de lado nossos conceitos de homogeneização e nossas metalinguagens niveladoras, não teríamos retornado a uma versão da falácia naturalística, que sustenta que existe um meio de passar do jeito que as coisas são para o jeito que deveríamos viver, saltando da descrição para a prescrição? O pós-modernismo crê que, politicamente falando, a diferença, a pluralidade, a natureza empastelada e mosqueada de nossas culturas merecem nossa comemoração, e parte dele distingue uma base "ontológica" para todo esse negócio de o mundo não ser de alguma forma específica. Essa ontologia, portanto, se propõe a fundamentar nossa ética ou política ao sugerir que deveríamos viver como vive o mundo, imperativo ético que por si só não se pode fundamentar. Pois por que deveria o fato de que supostamente não existem unidades nem identidades na realidade ter quaisquer implicações na nossa conduta? Por que deveria o fato — mais precisamente, o fato de que inexistem fatos incontestáveis — transformar-se num valor moral? Existe, afinal de contas, uma profusão de moralistas que acreditam que deveríamos agir em total contradição com o que eles acham que seja o mundo.

Assim, o pós-modernismo mostra-se desconfiado da História mas de um modo geral entusiasta em relação à história. Historicizar é uma atitude positiva, e a História só serve de obstáculo para ela. Se a teoria pós-moderna acredita realmente que historicizar é *ipso facto* radical, com certeza está equivocada. Ela presume que historicizar diz respeito sobretudo à esquerda, o que não é de forma alguma o caso. Você não precisa dizer aos Edmund Burkes, Michael Oakshotts e aos Hans-Georg Gadamers da vida que só se pode entender os acontecimentos dentro de seus contextos históricos. Para toda uma geração de pensadores liberais ou de direita, uma sintonia sensível com o contexto histórico, com as moldagens culturais do ego, com a voz subliminar da tradição e a força do local ou do idiossincrático serviu para desacreditar o que eles entendem como a racionalidade a-histórica e anêmica dos radicais. A atração de Burke pela prescrição, pelo hábito inveterado e pela herança imemorial nesse sentido quase equivale à atração do pragmatismo contemporâneo pelas nossas práticas sociais vigentes, ainda que o primeiro esteja pensando na Câmara dos Lordes e o último no beisebol e na livre-empresa. Ambas as correntes de pensamento consideram a história — que se resume a algo do tipo "a maneira como fazemos as coisas e como as fizemos por muito tempo" — por si só uma forma de racionalidade, incomensuravelmente superior a certas noções simplórias tais como justiça ou liberdade universal. Há, com certeza, um segmento mais radical do historicismo pós-moderno que textualiza as instituições e desmascara o poder opressor; mas não é fato inédito que exista um número desconcertante de pontos em comum entre essa irritação do historicismo com a teoria abstrata, seu apreço pelo rebelde, fora dos padrões e excêntrico e sua desconfiança das grandes narrativas, e os métodos repisados de grande parte da historiografia conservadora. Imaginar que historicizar é por si só radical corresponde a imaginar que todos os liberais ou conservadores são formalistas anti-históricos, o que, além de falso, constitui um exemplo providencial de mirar alvos imaginários. Você pode acreditar simultaneamente que Shakespeare expressa valores universais mas que em 1745 não escreveria como escreveu em seu tempo, mesmo combinando universalismo e historicismo. Não há motivo para uma pessoa não radical e inteligente recusar-se a analisar os fenômenos em seus contextos históricos. Ela pode relutar em reduzir os fenômenos ao seu contexto histórico, mas isso quase todos os radicais fazem, à exceção dos vulgo-marxistas, que nos dias de hoje existem em sua maioria como fantasias convenientes da imaginação antimarxista.

As diferenças políticas que importam não residem sem dúvida entre os que historicizam e os que não o fazem, mas entre concepções diferentes da história. Há os que acreditam que a história, falando em termos genéricos, não passa de um relato do progresso; os que acreditam que ela é bem ou mal uma história de escassez, luta e exploração; e os que sustentam, como muitos textos pós-modernos, que não há absolutamente nenhum enredo para ela. Eu disse antes que os pós-modernistas eram entusiastas "de um modo geral" em relação à história, visto que há muita coisa na *cultura* pós-moderna que simplesmente transformaria a história passada em matéria-prima para consumo contemporâneo, assim como há muito na sua teoria que tentaria erradicar a diferença do passado reduzindo-a a mera função ou projeção remota do presente. Mas existem outros sentidos em que deveríamos olhar com certo ceticismo as pretensões do pós-modernismo de historicizar. Primeiro, ele às vezes se vê tentado a contar uma fábula do assim chamado "sujeito unificado" que soa extremamente não histórica — que, na verdade, se parece demais com as grandes narrativas que ele repudia. Algumas correntes do pensamento pós-moderno acreditam que esse sujeito sobreviveu e, como que por milagre, se manteve intacto de Christopher Marlowe a Iris Murdoch. Uma vez que se trata em essência de uma categoria metafísica, ele realmente não pode ter história alguma. A história, segundo essa teoria, se torna uma repetição eterna dos mesmos erros, que — caricaturando um pouco o exemplo — foram enfim corrigidos de modo triunfal quando da entrada em cena tardia de Jacques Derrida, que deitou abaixo uma série de disparates que remontavam a Platão, no mínimo, e provavelmente (se não) a Adão. Como assinalou Peter Osborne, "a narrativa da morte da metanarrativa é em si mais grandiosa que a maioria das narrativas que ela consagraria ao esquecimento".[2] A cultura pós-moderna se interessa muito pela mudança, mobilidade, flexibilidade, ausência de regras, instabilidade, enquanto parte de sua teoria nivela tudo, de Sócrates a Sartre, na mesma tediosa saga. A história ocidental que se supõe homogeneizadora é brutalmente homogeneizada.

Há outro aspecto em que o pós-modernismo se revela histórico mas de uma maneira seletiva. O pensamento historicista clássico manteve-se fiel ao poder da *explicação* histórica, sustentando que o sentido de restituir um fenômeno ao seu contexto histórico está em dar alguma luz ao como e por que ele aconteceu, e assim conseguir compreendê-lo mais a fundo. Existem versões mais fortes e mais fracas dessa teoria genética, mas o pós-modernismo, que a princípio acalenta um ceticismo em relação à causalidade muito ao estilo de David Hume, não consegue satisfazer-se a contento com nenhuma delas. Elas lembram muito uma hierarquia de determinações e, dessa forma, ofendem seu pluralismo ontológico, sugerem uma epistemologia realista (o mundo é significantemente estratificado, independentemente de como o interpretamos) e correm o risco de se tornar prato feito para os grandes narradores. Como consequência, o pós-modernismo escapa do que ele vê como uma forma especiosa de transcendentalismo para cair em outra. Nos bons e velhos tempos do historicismo, acreditava-se possível fornecer algum tipo de explicação histórica ou genética para, digamos, crenças e interesses — argumentar que elas não saíram do nada nem vieram do outro mundo, e sim a história a que pertenciam e na qual exerciam funções distintas motivaram-nas de formas complexas. As várias teorias da ideologia representavam uma maneira de contribuir para algumas das relações causais entre história e crença. Há aquele pós-modernista que tenta boicotar essa estratégia chamando atenção para o fato de que esse tipo de teoria é por si só uma crença, e portanto se torna parte do problema para o qual se considera solução. Isto equivaleria a afirmar que minhas desculpas por haver quebrado uma de nada servem porque não passam de outro artefato da linguagem.

De todo modo, reza a teoria, não conseguimos dominar nossas crenças ou interesses examinando seus determinantes históricos, uma vez que, em um círculo vicioso epistemológico, são justamente nossos interesses e crenças que vão determinar aquilo que consideramos determinantes. Com efeito, não conseguimos ter uma ideia crítica clara dessas coisas, assim como não conseguimos vencer na vida sem qualquer tipo de ajuda, ver a nós mesmos enquanto vemos algo ou exercer o domínio interno do nosso corpo. A racionalidade que serviria para avaliar nossas crenças de fora só opera dentro dessas crenças, é em si um produto delas, e portanto um julgamento corrupto e parcial até não poder mais. Como certa vez observou Bertolt Brecht: só alguém dentro de uma situação pode julgá-la, e ele é a última pessoa que pode julgar. Uma vez que nossos interesses, crenças e discursos representam aquilo que em princípio nos faz sujeitos, simplesmente desapareceríamos se tentássemos manter distância para uma análise crítica. Se *fôssemos* capazes de examinar-nos a nós próprios dessa maneira, ninguém sobraria para fazer o exame. Como acontece com grande parte do pensamento pós-moderno, essa teoria em particular consegue reforçar uma certa fantasia filosófica no próprio ato de rejeitá-la. Ela sustenta, com a mesma firmeza de Matthew Arnold, que toda autorreflexão crítica deve envolver algum tipo de total desinteresse, em que lograríamos de certa forma distanciar-nos de nossa situação histórica. Assim, escapa-lhe à percepção que uma certa capacidade para a autorreflexão crítica depende da maneira como o animal humano depende deste mundo — que isto não é uma alternativa ilusória para nossa integração material, mas característico da maneira como os seres humanos, diferentemente dos chapéus de feltro e dos coques de cabelo, estão com efeito inseridos em seu meio ambiente. O fato de terem capacidade, dentro de certos limites, de fazer algo daquilo que os faz já demonstra sua historicidade, um modo de ser possível apenas para uma criatura capaz de falar e trabalhar.

A suposição de que qualquer crítica de interesses precisa ela mesma ser desinteressada mostra como o pós-modernismo ainda está comprometido com seus ancestrais metafísicos. Ocorre apenas que esses ancestrais acreditavam na possibilidade do desinteresse, ao passo que os pós-modernistas não; fora isso, nada mudou. Se a crítica fosse mesmo desinteressada, por que alguém ia perder tempo praticando-a? Se para o pós-modernismo não podemos sujeitar nossos próprios interesses e crenças a uma dose de crítica radical, isto se dá porque a crença, ou o interesse, ou o discurso, agora elevou-se ao tipo de posição transcendental já ocupado por uma subjetividade universal e, antes disso, por vários outros candidatos que não aparentavam a menor qualificação para a função. Agora, os interesses são transcendentais, autovalidáveis, impérvios à crítica, e essa postura decerto interessa a alguém. Eles representam aquilo que nunca podemos recuperar, e portanto não há possibilidade de investigar suas raízes históricas. O conceito de ideologia, que funcionou como um caminho entre muitos outros para justificar como o que acreditamos está relacionado com o que fazemos, cai assim convenientemente por terra — convenientemente, uma vez que esse tipo de argumentação, que deixa nossas crenças e investimentos sociais imunes a todas as ameaças radicais, nada mais é que um verdadeiro discurso ideológico.[3]

Essa forte teoria convencionalista às vezes inclui na categoria de crenças proposições observacionais que no momento ninguém poderia pôr em dúvida, estendendo assim o termo "crença" ao limite da inutilidade. Não alimento a crença de que tenho cabelo na cabeça e nenhum no joelho, já que não haveria como não acreditar nisso. Como na alegação de que "tudo é interpretação", ou no seu correspondente esquerdista "tudo é político", essa posição se anula completamente, escapando ao nosso entendimento como um pedaço de elástico esticado ao extremo. O convencionalismo é avesso aos fundamentos, no entanto, como suas convenções podem se comportar de modo tão coercivo como os fundamentos obsoletos, é como se ele tivesse multiplicado esses fundamentos (visto que existem, é claro, muitos grupos de convenções) em vez de aboli-los. Ele se propõe a explicar nosso comportamento mostrando como as convenções o governam, que equivale a dizer que fazemos isso porque é isso que fazemos, o que não explica absolutamente nada. Ele tem pouco a dizer aos que perguntam por que o fazemos, ou se, para variar, não devíamos fazer algo diferente.

Observe-se também que nessa teoria é impossível discernir a que tipo de mundo *se referem* nosso discurso ou nossas crenças, tanto quanto aqueles que consideram o Grand Canyon ou o corpo humano totalmente "construído" não sabem definir o que está sendo construído. Para eles, a pergunta deve permanecer um mistério, assim como as pessoas despidas de senso de humor entendem como mistério os ciclos nas plantações. Uma vez que os próprios fatos são produtos do discurso, seria um círculo vicioso tentarmos analisar nosso discurso confrontando-o com eles. O mundo não faz inserções na nossa conversa, ainda que estejamos conversando sobre ele. "Não interrompa! Estamos falando de você!" é a resposta do pragmatista para o mais leve pio que o mundo pudesse produzir, como um casal autoritário discutindo acerca do filho acovardado. Mas como o caso não faz a menor diferença para o nosso comportamento, é tão inútil afirmá-lo como o é, aos olhos daqueles que rejeitam a "teoria da correspondência" da verdade, afirmar que nossa linguagem de certa forma "corresponde" à realidade. Trata-se de um verdadeiro retrocesso ao Wittgenstein do *Tractatus logico-philosophicus*, que sustentava que, posto que nossa linguagem nos "dá" o mundo, ela não pode simultaneamente falar de sua relação com ele. Não podemos levantar de dentro da linguagem a questão da relação da linguagem com o mundo, como não podemos pular sobre nossa própria sombra nem manter suspensa uma corda que estamos tentando escalar. Esse relacionamento, passível de ser mostrado mas não falado, teve portanto de afundar-se no silêncio místico.

O Wittgenstein tardio acabou renunciando a essa visão impiedosamente monística, reconhecendo em vez disso uma linguagem aferrada ao mundo de todas as diferentes maneiras, algumas delas críticas ou condenatórias e outras não. Em vez de pensar na "linguagem como um todo", ele começou a levar em consideração atos da fala como "Ai!" ou "Fogo!", que guardavam relação com o mundo no sentido de que alguma parte dele fornecia a *razão* para eles. Poder-se-ia também alegar, embora o próprio Wittgenstein não o tenha feito, que alguns dos nossos atos da fala se relacionam com o mundo na medida em que seu efeito ou intenção é esconder, mistificar, racionalizar, naturalizar, universalizar ou se não legitimar partes dele, e que esse é o grupo de atos da fala tradicionalmente conhecido como ideologia, não tendo nenhuma relação com algum oposto imaginário à verdade absoluta, sem dúvida um alvo imaginário pós-moderno. Uma semiótica pós-moderna que só se ocupa da maneira como o significado produz o significante, em vez de se ocupar também dessas complexas operações do significado sobre ele, simplesmente combina uma variedade de atos da fala, com variadas relações entre signos e coisas, com um modelo de "linguagem em geral", centrada no seu papel de parte integrante do mundo. Nesse sentido, o pós-modernismo, quaisquer que sejam suas credenciais pluralistas, ainda tem de avançar decisivamente para além do monismo do jovem Wittgenstein.

Todavia, pode-se contar uma versão histórica medíocre das teorias que estamos analisando, que essas próprias teorias descartariam sem demora como apenas mais um discurso idêntico ao seu. Houve um tempo, nos dias do capitalismo liberal clássico, quando ainda se pensava possível e necessário justificar suas ações como um bom burguês usando certos argumentos racionais com fundamentos universais. Ainda estavam disponíveis certos critérios comuns de descrição e avaliação, dos quais podíamos extrair algumas explicações convincentes para nossa conduta. Contudo, à medida que o sistema capitalista evolui — à medida que coloniza novos povos, importa novos grupos étnicos para seu mercado de trabalho, estimula a divisão do trabalho, vê-se forçado a estender seus privilégios a novas clientelas —, ele começa inevitavelmente a minar sua própria racionalidade universalista. Pois é difícil deixar de reconhecer que existe hoje toda uma variedade de culturas, dialetos e modos de fazer as coisas competindo entre si, que a própria natureza híbrida, transgressiva e promíscua do capitalismo ajudou a criar. (Veremos mais adiante que um dos erros mais crassos do pós-modernismo é esquecer que o híbrido, o plural e o transgressivo estão *em certo nível* tão naturalmente ligados ao capitalismo como o Gordo ao Magro.) Da mesma forma, o sistema se depara com uma escolha: continuar insistindo na natureza universal de sua racionalidade, apesar do acúmulo de evidências, ou jogar a toalha e se tornar relativista, aceitando, de bom ou mau grado, que não pode reunir fundamentos definitivos para legitimar suas atividades.

Os conservadores aferrados seguem o primeiro caminho, enquanto os descansados pragmatistas liberais preferem o segundo. Se a primeira estratégia mostra-se cada vez mais implausível, a segunda apresenta inegável risco. Pois, como veremos em momento oportuno, o sistema não pode realmente abrir mão de seus fundamentos metafísicos, por mais que o vejamos tentando sem cessar destruí-los por meio de suas operações nitidamente não metafísicas. Existem hoje sociedades que se situam entre as regiões mais pragmáticas e ferrenhas da face da terra e ainda assim pululam de retórica metafísica ostensiva sobre Deus, Liberdade, Pátria e Família, da qual poucos políticos ingleses sairiam impunes, livres de profundo constrangimento. E não temos aí uma conjuntura fortuita. Se o caminho antifundamentalista revela-se perigoso, ele só o é, entretanto, até certo ponto — pois ao tirar os fundamentos de suas próprias formas de vida, o indivíduo acaba inevitavelmente fazendo o mesmo com seus adversários. Agora eles podem fundamentar sua objeção a você tanto quanto você pode cunhar metafisicamente sua defesa. Além do mais, como você poderia alegar, já que a crítica deles começa a tratar, como deve, de *suas* categorias em vez das deles, é inevitável que ela acabe conivente com elas, perdendo desse modo o caráter de uma verdadeira crítica fundamental. Trata-se apenas de uma maneira de se intrometer na conversa que é civilização ocidental de um ângulo um pouco diferente. Uma autêntica crítica teria de provir toda de um outro universo, pois só assim não desafiaria nossa própria cultura mais que o crocito de uma gralha. O verdadeiro radicalismo, de forma bastante conveniente para o próprio sistema, mostrar-se-ia de uma ininteligibilidade absoluta — fato que a CIA aparenta negligenciar, visto que sem dúvida continua a exibir um interesse profissional por Noam Chomsky, ainda que este de vez em quando emita proposições inteligíveis para Clint Eastwood. Aos radicais pouco importa que lhes digam que o que estão tentando fazer é apenas parte da conversa das suas civilizações, desde que lhes permitam seguir em frente e continuar a fazê-lo. Essa afirmação vai por água abaixo. Eles não ligam se lhes dizem que demitir todos os professores pragmatistas das universidades não passa de um lance no jogo pragmatista, e podemos apostar que os próprios professores captariam o espírito da coisa.

Na fase pós-imperial, e numa sociedade supostamente multicultural, o sistema não tem mais condições de afirmar a superioridade de seus valores sobre os demais, restando-lhes apenas reconhecer que são diferentes — termo-chave do pós-modernismo. Não se pode comparar com propriedade dois conjuntos de valores, o que implicaria num terceiro tipo de racionalidade dentro da qual todos se incluiriam, e isso é uma das coisas que está sendo negada. Trata-se, na verdade, como chamou atenção Bernard Williams, de uma suposição falaciosa;[4] não somos capazes de traduzir do inglês para o malaio por força de uma terceira língua comum a eles. Mas isto serve para proteger o sistema dominante de qualquer crítica muito inquisitiva, ao mesmo tempo que serve para aumentar suas credenciais liberais. As formas mais conservadoras de pós-modernismo representam a ideologia daqueles que acreditam que, para o sistema sobreviver, deve-se sacrificar a verdade em nome da prática, manobra que pareceria aturdidora para Jefferson ou para John Stuart Mill, mas de forma alguma para Friedrich Nietzsche. Talvez nesse aspecto Pôncio Pilatos tenha inaugurado o pós-modernismo. Mas como tal projeto não pode jamais prosperar, considerando que sacrificar por completo a noção de verdade significaria desabilitar certos princípios bastante úteis de coesão social, como religião e moralidade cívica, as alas mais radicais de pós-modernismo tratam de voltar sua desconfiança da verdade *contra* a eterna necessidade que seus governantes têm dela como forma de controle social. A ironia reside no fato de que, ao fazerem isso, ao insistirem em que a verdade é uma função de poder e desejo, eles se aproximam demais do que seus governantes mantêm *na prática*.

O sistema passa então a se defrontar com a escolha entre dois conceitos diferentes de liberdade. De um lado, temos o modelo antigo de sujeito autônomo e radical, que corresponde de certa forma à fase mais clássica do capitalismo liberal. Esse sujeito, revolucionário no seu tempo dada a sua profunda debilitação, na verdade nunca contou com uma base muito firme, visto que sua própria autonomia tende a afastá-lo do mundo capaz de lhe emprestar algum lastro, deixando-o radicado em nada mais sólido que ele mesmo. Por essa razão, sua euforia se confunde com uma espécie de náusea, como bem sabiam os românticos. A liberdade do sujeito o coloca em trágico conflito com a natureza; mas se ele parte do senso de integração com o mundo, isto o reforça por um lado só para enfraquecê-lo por outro. A história está do lado do sujeito livre, desde que o abrace em seu seio de forma a restringir sua autonomia. Ou o sujeito se vê vertiginosamente solto no ar, forçado ao autoconfinamento solitário se quer legislar por conta própria, a liberdade interior em misterioso atrito com a determinação empírica, ou se sustenta por meio de uma história que não passa de uma narrativa da emancipação, arriscando-se assim a reduzir-se a um mero efeito dela. Trata-se mais ou menos de uma escolha entre Kant e Hegel.

Então, um pouco tarde demais, esbarramos com um sujeito pós-moderno, cuja "liberdade" consiste num tipo de arremedo do fato de que já não existem mais alicerces alguns, que portanto está livre para transitar, seja com preocupação ou êxtase, por um universo por si só arbitrário, contingente, aleatório. O mundo, por assim dizer, fundamenta esse sujeito na sua própria ausência de fundamento, permite sua liberdade de ação pela sua própria natureza gratuita. A liberdade desse sujeito não decorre de sua indeterminação, mas precisamente porque ele se define por um processo de indeterminação. Fica assim "resolvido" o dilema de liberdade e fundamento — à custa, porém, do risco de eliminar o próprio sujeito livre. Pois, neste ponto, é tão difícil ver que podemos de fato falar de liberdade, como reconhecemos livre uma partícula de poeira dançando à luz do sol. No que diz respeito a qualquer doutrina "positiva" de liberdade, um mundo realmente aleatório não permaneceria parado o tempo suficiente para eu me dar conta de minha liberdade, no sentido de tomar as providências necessárias para levar adiante os projetos escolhidos. A liberdade exige limitação, paradoxo este que o pós-modernismo parece relutante em acolher. Esta é uma das razões por que sua ideia de liberdade corresponde com frequência ao conceito "negativo" dela esposado pelo liberalismo clássico, e igualmente cheio de lacunas. Mas no liberalismo havia ao menos um sujeito coerente o bastante para ser considerado o centro dessa liberdade; visto que, sendo o sujeito pós-moderno difundido por meio de forças fortuitas, arrombado por um jogo interminável de diferença, pareceria nada existir a que a ideia de liberdade se pudesse associar. O esforço para "fundamentar" o sujeito, como o efeito de processos conflitantes, corre o risco de esvaziá-lo e fazer com que toda a conversa sobre liberdade, positiva ou negativa, soe completamente redundante. Mal as mulheres tornaram-se sujeitos autônomos, no sentido sensato e não no sentido "bicho-papão" da palavra, e o pós-modernismo se põe a desconstruir toda a classe.

É assim que uma política pós-modernista radical trabalha com essas noções de emancipação que outra teoria pós-modernista pareceria demolir. Pois que identidade estável existe para ser emancipada? Não seria toda noção de emancipação apenas outra variante de um paradigma interior/exterior, expressivo/repressivo que foi desconstruído há muito tempo? Talvez, então, a emancipação não consistiria em algum tipo de processo ou evento, mas tão só no reconhecimento de como as coisas realmente são com o sujeito, o que equivale a dizer de nenhuma maneira específica — como ele é, mesmo assim, "livre" no sentido de ser difuso, descentrado, provisório, e como é meramente nossa paixão metafísica pela ordem que frustra essa percepção. Pareceria, nesse caso, que poderíamos ser livres só no pensamento — substituindo uma concepção verdadeira do eu por uma falsa. Mas isso não só envolve uma epistemologia com que o pós-modernismo não se sente nem um pouco à vontade; também repete, sob uma aparência bem mais moderna, os erros tradicionais do idealismo filosófico. É improvável que basta mudarmos nossa visão de nós mesmos para afastarmos o que quer que seja que restrinja o ego, como bem sabem as correntes mais radicais do pós-modernismo. Para essas tendências políticas, não é mudando de opinião que abolimos as grandes narrativas, ainda que elas acabassem por desaparecer se todos parássemos de prestar atenção nelas, mas a partir de alguma transformação material no próprio capitalismo provecto.

Podemos retornar, enfim, àquele "pós" ambíguo da palavra pós-modernismo. Que partes da modernidade o pós-modernismo deixou para trás? Todas? A noção de igualdade humana junto com a ideia de progresso histórico? Tanto a emancipação das mulheres como a da classe trabalhadora? A crença na liberdade e consciência individual tanto quanto na soberania da Razão? Alguns elementos da modernidade, como a ideia de revolução, pareceram desmoronar na teoria mas não na prática, como os eventos revolucionários recentes na Europa Oriental vieram a confirmar. (Deve ter sido um grande embaraço para o pós-modernismo que, justo quando ele descartava os conceitos de revolução política, sujeitos coletivos e transformações momentosas como tanta bazófia metafísica, essas coisas tenham acontecido onde menos se esperava. Por outro lado, deve ter servido de consolo para esses teóricos que as revoluções em questão tenham rapidamente dado uma guinada em direção à sua admirada cultura de mercado.) A doutrina do progresso universal levou uma surra, mas certos tipos de progresso histórico (o desmantelamento do *apartheid*, por exemplo) ainda parecem inevitáveis, e embora essa espécie de emancipação não tenha sido de forma alguma universalizada, é difícil saber por que alguém não a consideraria uma meta válida. Mas isso, talvez, envolveria a noção tão temida de "teleologia"; e é para isso e para outras questões que podemos agora voltar-nos.

3. Histórias

A História, em oposição à história com *h* minúsculo, é para o pós-modernismo um caso de teleologia. Isto é, ela depende da crença de que o mundo está rumando propositadamente em direção a algum objetivo predeterminado, mas mesmo assim imanente, que dá a dinâmica para esse desenrolar inexorável. A História dispõe de uma lógica própria, e coopta nossos projetos aparentemente livres para seus fins inescrutáveis. Pode haver um ou outro retrocesso mas, de modo geral, a história é não linear, progressiva e determinista.

Não há necessidade de nos preocuparmos em saber qual a melhor maneira de enfrentar as pessoas que alimentam essa crença, porque elas não existem. A menos que estejam escondidas em alguma caverna, envergonhadas demais para sair de lá, essa gente desapareceu da face da terra há muito tempo. Elas perceberam que o século XX estava repleto de guerras, fome e campos de concentração, que nenhum dos grandes ideais utópicos ou iluministas pareciam prestes a se consumar, e, abatidas, decidiram se retirar. É verdade que, há muito tempo, costumava haver *whigs*, hegelianos e marxistas que acreditavam em algo nesse sentido, mas é muito duvidoso que Karl Marx (que sustentava não ser um marxista) fosse um deles. Marx não nutria outro sentimento que não desdém pela ideia de que havia algo chamado História que dispunha de objetivos e leis de moção independentes dos seres humanos. Imaginar que o marxismo seja uma teleologia *neste* sentido, como parecem fazer muitos pós-modernistas, não passa de uma caricatura tão sinistra quanto imaginar que Jacques Derrida acredita que uma coisa pode significar outra, que ninguém jamais teve intenção alguma e que nada existe no mundo além de escrever.

O socialismo de fato propõe um certo *telos*: a possibilidade de uma ordem social mais justa, livre, racional e compassiva. Mas os pós-modernistas radicais também o fazem. Com efeito, alguns pós-modernistas parecem propor uma teleologia bem mais ambiciosa: a ideia, por exemplo, de que o iluminismo ia dar inevitavelmente nos campos de concentração. Mas nenhum partido acredita que haja garantia histórica de uma sociedade mais justa, nem que esta ainda continue furtivamente em andamento como a essência secreta do presente. Em todo caso, os socialistas não são tão simpáticos à ideia de historicizar como parecem achar alguns. Já vimos uma razão para isso: o fato de que a historicização não é de forma alguma um assunto inerentemente radical. Há, porém, outra razão mais interessante para o ceticismo socialista em relação à história. Uma corrente do pós-modernismo vê a história como uma questão de mutabilidade constante, exuberantemente múltipla e aberta, uma série de conjunturas ou descontinuidades que só uma violência teórica poderia forçar à unidade de uma narrativa única. Essa tese é, portanto, com muita frequência levada a um extremo demasiado implausível: Dante e De Lillo, encapsulados como são em seus momentos históricos distintos, nada têm em comum digno de nota. O impulso para historicizar naufraga no seu oposto: pressionada até o ponto em que as continuidades simplesmente se dissolvem, a história passa a ser nada mais que uma galáxia de conjunturas correntes, um bando de presentes eternos, o que equivale a dizer história nenhuma. Precisamos entender Oliver Cromwell em seu contexto histórico, mas o que deve ser considerado como contexto? O pós-modernismo, afinal de contas, insiste em que todos os contextos são imprecisos e permeáveis. Nós próprios somos herdeiros da história de que Cromwell fazia parte, uma vez que somos feitos de passado.

A verdade é que nós (pós-)modernos temos evidentemente muito em comum com Sófocles ou Savonarola, e ninguém jamais se deu ao trabalho de duvidar disso. A briga a respeito das características universais da humanidade não pode girar em torno de algo por si só tão evidente, e sim até que ponto essas características *importam* — até que ponto, por exemplo, têm participação significativa na análise de uma situação histórica específica. Importa mesmo saber que Sófocles tinha duas orelhas como nós, e isso pode emprestar alguma luz a *Antígona*? É possível que não possa iluminar em especial a *Antígona*, mas o fato de que Sófocles tinha em comum conosco a forma do corpo, uma forma material que pouco se alterou no curso da história humana, sem dúvida trata-se de um assunto de suma importância. Se outra criatura é, em princípio, capaz de falar a nós, envolver-se em um trabalho junto conosco, interagir sexualmente conosco, produzir algo que dê a leve impressão de arte por parecer um tanto sem sentido, sofrer, fazer piada e morrer, podemos então concluir desses fatos biológicos um sem-número de consequências morais e mesmo políticas. Esse é, no mínimo, um dos sentidos em que podemos derivar valores de fatos, independentemente do que possa ter pensado David Hume. Por causa da forma de seus corpos, saberíamos mais ou menos quais as atitudes mais apropriadas a tomar em relação a esses seres, tais como respeito, compaixão, não cortar seus pés fora só de brincadeira e coisas do gênero.

Claro que devemos também tomar essas atitudes em relação às criaturas não humanas; mas não as consideraríamos parceiros potenciais para o casamento, coautores ou companheiros em alguma insurreição política, a menos que estivéssemos vivendo numa das regiões mais estrambóticas da Califórnia. Existem limites para as formas de vida que poderíamos compartilhar com criaturas materialmente diferentes de nós, que, presume-se, é o que Wittgenstein tinha em mente quando disse que se um leão pudesse falar, não seríamos capazes de compreender o que ele dizia. Podemos extrair algo dos textos de Sófocles, mas não poderíamos fazer o mesmo com a poesia de alguma cobra de eloquência invulgar. Se, por outro lado, encontrássemos uma criatura muito parecida conosco mas incapaz de ironia, poderíamos por certo desconfiar que se tratava de alguma máquina projetada com astúcia, mais uma vez a menos que vivêssemos em certas áreas da Califórnia. Se os seres podem falar, trabalhar, reproduzir-se sexualmente e assim por diante, devem também, diferentemente das criaturas não falantes que só trabalham com o corpo, ser familiarizados com alguma forma de política, ainda que rudimentar. Chances há de que possuam algum tipo de sistema de poder para organizar sua vida social e profissional, formas de controle sexual e assim por diante, juntamente com certos modelos simbólicos dentro dos quais eles representariam tudo isso para si mesmos.

Mas no momento parece fora de moda insistir tanto nesses fatos, já que parece que se aposta demasiado na biologia enquanto se deprecia a importância da cultura. Num certo momento dos anos 70, todo interesse na biologia se tornou "biologismo" da noite para o dia, assim como o empírico se tornou empiricista e o econômico, economicista. Temerosas com razão de um reducionismo vulgar, algumas correntes do pós-modernismo reagiram a esse perigo por meio de uma tática bem mais violenta, que consistia em apagar por completo o aspecto biológico e, às vezes, o econômico. Ao falar materialmente sobre cultura, elas começaram a falar culturalmente sobre o material, inclusive sobre a parte material mais óbvia de nós, o corpo. À luz disso, é irônico que o pós-modernismo fosse ao mesmo tempo desconfiado da materialidade do corpo e devoto da especificidade, uma vez que para pensadores tradicionais como Aristóteles e Tomás de Aquino a matéria é precisamente o que individualiza. Segundo essa linha de pensamento, o que nos distingue não é a "alma", que para Tomás de Aquino é a forma do corpo e portanto comum a todos nós, mas o fato de que todos somos fragmentos únicos de matéria. No que diz respeito aos aspectos inegavelmente universais da espécie, o pós-modernismo imaginava que toda conversa sobre uma natureza humana comum deve ser tanto idealista como essencialista. Quanto ao último, ele provavelmente estava certo, mas equivocado, como virei a argumentar mais adiante, quando acredita que se trate necessariamente de um vício. Equivocava-se, no entanto, quanto ao primeiro, visto que a noção marxista do ser biológico é com certeza uma versão materialista da natureza humana, muito afastada das verdades eternas do coração. Os pós-modernistas, em outras palavras, alimentaram um conceito idealista da natureza humana; o problema é que eles o rejeitavam enquanto os idealistas o endossavam. Nesse sentido e em outros, eles se transformaram na imagem invertida de seus antagonistas.

Não significa refutação desses universais humanos chamar atenção para o fato de que todas essas características se constroem de modo diferente por culturas diferentes. Só temos de perguntar-nos *quais* atividades se constroem de modo diferente para deixar a questão universal de lado. Podemos, claro está, enganar-nos vez ou outra acerca dessa base comum: pensávamos que eles estavam entretidos em algum jogo como o críquete quando na verdade estavam tentando fazer chover. E não há dúvida de que a ideia de uma humanidade universal, no sentido degenerado de que os próprios preconceitos culturais devem imperar em termos globais, constituiu uma das maneiras mais brutais de sujeitar a diferença dos outros ao próprio domínio que a história já produziu. Ela teve papel central numa ideologia deletéria, às vezes exterminacionista, e a reação de pânico pós-moderna a ele representa assim um erro palmar. Ela nem necessariamente resulta da doutrina que reza que o que os seres humanos têm em comum ao longo dos séculos é o que há de mais *importante* a respeito deles, que é justamente onde os humanistas liberais incorrem em erro, ainda que linguagem, sexualidade, trabalho, lei e política não sejam questões triviais. Não é porque o rei Lear podia andar, pelo menos durante parte do tempo, que nos identificamos com a peça. De todo modo, sempre se pode perguntar: importante de que ponto de vista? Se estivéssemos refletindo sobre a sinestesia nos escritos de Proust, então parece improvável que o fato de que Proust era um ser humano constituísse o ponto central de nossa análise. Ocorre apenas que é dogmático do pós-modernismo universalizar seu exemplo contra universais e concluir que os conceitos de uma natureza humana compartilhada *nunca* têm importância, nem mesmo, digamos, no caso da prática de tortura.

Ao *super*-historicizar, o pós-modernismo também sub-historiciza, esvaziando a variedade e a complexidade da história em flagrante violação de seus princípios pluralistas. Como escreveu Francis Mulhern:

> (A) redução tácita de *história* para *mudança* — uma espécie de hiper-história ... é o mais compreensível dos hábitos polêmicos, mas perpetua uma meia-verdade perturbadora. A história é também — e decisivamente, na sua maior parte — *continuidade*. O processo histórico é diferencial: ele se molda por uma pluralidade de ritmos e tempos, alguns com grandes variações, outros com poucas, alguns medidos por relógios e calendários, outros pertencendo à eternidade prática do "tempo vivenciado". As estruturas e os eventos históricos ... são portanto necessariamente complexos por natureza, nunca pertencendo a um único modo (continuidade/descontinuidade) ou temporalidade. Os contextos são breves e estreitos (uma geração, uma crise política), mas também longos e amplos (uma linguagem, um modo de produção, privilégio sexista), e tudo isso de uma vez só.[1]

A história do pós-modernismo, ao contrário, tende a ser vívida mas unidimensional, eliminando esse conceito estratificado do tempo em benefício do curto prazo, do contexto contemporâneo, da conjuntura imediata. Como T.S. Eliot o define em *Quatro quartetos*, "A história é agora e Inglaterra", proposição com a qual poucos pós-modernistas concordariam de cara. Mas por que ucasse é essa a temporalidade mais relevante? Por que o pós-modernismo está tão arrogantemente seguro de que a *longue durée* nunca é a mais significativa? O marxismo é bem mais pluralista nesse assunto, às vezes examinando uma conjuntura histórica específica (*O que fazer?*, *O 18 Brumário de Luís Bonaparte*), às vezes explorando a temporalidade de um modo de produção (*O capital*).

Talvez os pós-modernistas temam que uma atenção para as grandes narrativas vão reduzir todas as pequenas narrativas a meros efeitos delas; mas é difícil ver que o *Brumário* simplesmente "expulsa" o estado da luta de classes francesa da natureza da produção capitalista em geral. Para Marx, pelo menos, o objetivo da análise não era o geral mas o concreto; ele apenas reconhecia, junto com Hegel e qualquer pensador sério, a impossibilidade de construir o concreto sem categorias gerais. Os devotos do particularismo deviam tentar passar sem elas por um tempo, experimento que precisaria incluir nunca abrirem a boca. A frase "essa minha dor indescritivelmente terrível" transborda de generalidades. Talvez os pós-modernistas desconfiem da ideia de continuidade (embora sejam também céticos em relação a rupturas totais) porque ela cheira a uma mentalidade falsamente homogeneizante, evoca o espectro de uma tradição reverenciada e carrega consigo uma implicação de progresso revoltantemente presumida. Em todo caso, eles deveriam considerar que existem tradições libertadoras tanto quanto opressivas, e também o seguinte comentário de Theodor Adorno: "Nenhuma história universal faz com que se passe da selvageria ao humanitarismo, mas existe uma que está mudando do estilingue para a bomba de megaton ... o Todo que continua rolando até hoje — com eventuais pausas para respirar — seria teleologicamente o absoluto do sofrimento."[2]

Essa observação de Adorno, lançada na sombra de Auschwitz, nos aproxima do cerne do sentido socialista de história, independentemente da heterodoxia política do autor. Segundo o pensamento socialista, houve de fato uma grande narrativa, e é uma pena. Trata-se de uma verdade mais digna de lamentação que de celebração. Seria muito melhor que os pós-modernistas tivessem razão, e nada houvesse de constante nem contínuo na crônica. Mas o preço de acreditar nisso é uma traição aos mortos, e também à maioria dos vivos. Até agora, o que mais causa impacto ao socialista no que se refere à história é que ela mostrou uma coerência admirável — a saber, as realidades obstinadamente persistentes de miséria e exploração. Claro que essas coisas assumiram várias formas culturais diferentes. É surpreendente a quantidade existente de maneiras de sofrer privação e dominação, o suficiente para saciar a fome de pluralidade dos pós-modernistas. Mas se a história *fosse* de fato totalmente aleatória e descontínua, como poderíamos explicar essa continuidade estranhamente persistente? Ela não se nos afiguraria como a coincidência mais extraordinária — que uma história humana que, segundo alguns, não passa de um interminável girar ao acaso do caleidoscópio poderia repetidas vezes organizar suas peças nos moldes da escassez e da opressão? Por que ela não seria salpicada com episódios eventuais de paz e amor? Por que existe uma história que parece resistir à transformação definitiva, como um tipo de lastração ou empecilho interno? Se a história é mesmo fortuita, e se existe, como gostariam os liberais, um pouco de bem e de mal em todos nós, então seria de se esperar, pela lei das probabilidades, que de tempos em tempos a história tivesse apresentado alguns regimes moralmente exemplares, ou no mínimo moralmente dignos de crédito. Mas isso decerto não aconteceu. O que a maioria das pessoas de certa decência consideraria virtude nunca fez parte da ascensão política, senão por breves momentos e de maneira atípica. Ao contrário, o registro político da humanidade revelou-se desanimador. A partir do momento em que apareceram na terra, os seres humanos prejudicaram, espoliaram e escravizaram sistematicamente uns aos outros. O século XX foi de longe o mais sangrento de que se tem notícia, o que sugere que a ideia de baixas circunstanciais não implicam necessariamente numa nostalgia pelos bons velhos tempos, tanto quanto uma crença em tipos específicos de progresso representa necessariamente uma leitura triunfalista da história como um todo.[3] Claro que não se quer com isso negar que também houve uma boa dose de esplendorosa bondade, apenas que parte do que admiramos nessa bondade é que ela nos chega mais ou menos como uma surpresa. E, na maioria das vezes, pertenceu à esfera privada e não à pública.

Essa situação não chega a constituir um problema para o cristão, que a explica com base no pecado original. Mas deveria representar para os liberais ou pós-modernistas um desafio teórico maior do que parece, considerando que eles se deram ao trabalho de refletir sobre o assunto. Como explicar essa repetição interminável de extorsões e trapaças? Se não dá mesmo para explicar isso, então os misantropos tinham razão. Se isso é apenas o nosso jeito de ser, que provavelmente vai continuar, é o caso de fazermo-nos a pergunta se vale a pena dar seguimento à história humana. Trata-se de uma pergunta acadêmica, sem dúvida, visto que a história prossegue a despeito de tudo, a menos que haja uma catástrofe nuclear ou ambiental; mas se os fins justificam os meios é com certeza um ponto discutível. Por certo Schopenhauer considerava ridiculamente ilusório pensar como eles, já que acreditava que teria sido muito melhor para todos se alguém tivesse denunciado essa situação há alguns milênios e acabado com tudo. A história, para a grande maioria de homens e mulheres que viveram e morreram, constituiu-se um relato de incessante trabalho e opressão, de sofrimento e degradação — tanto que, como Schopenhauer teve a coragem de confessar, teria sido preferível para muita gente não ter nascido. E, em lugar de "muita", Sófocles usaria "toda a".

Se estas são reflexões "humanistas", no sentido de pensamentos relativos à espécie como um todo, elas não são humanistas no sentido mais otimista da palavra, que sugere que "humanismo" e "anti-humanismo" são conceitos bem mais carregados de nuanças do que muitíssimos pós-modernistas parecem supor. Mas, de todo modo, é difícil imaginar uma linha de pensamento mais alheia à sensibilidade pós-moderna. Pois o pós-modernismo, como vimos, não propriamente se ocupa dessas verdades transistóricas embaraçantes, nem quando recentemente se sobrecarregou com as questões éticas; e seus segmentos mais baixos mostram-se imaturos demais para tratar de assuntos como sofrimento, quanto mais numa escala tão elevada. É difícil imaginar que os agentes de publicidade do Nirvana perderam tanto sono com esse assunto, ainda que eu possa estar fazendo com eles uma grande injustiça. Se, no entanto, o pós-modernismo pudesse chegar a distinguir alguma verdade nessa visão da humanidade, como responderia? Que precisamos ter fé de que as coisas devem melhorar? Isto, supõe-se, cheiraria demais a progressismo liberal para ser totalmente aceitável. Para o pós-modernismo, não existe essa "coisa" singular chamada história, sujeita tanto à melhoria como ao declínio; nem podemos classificar tudo numa forma dominante qualquer, motivo pelo qual estou tentando constranger o pós-modernismo afirmando, junto com Adorno, que de fato houve esse modo completamente dominante. Mas os liberais progressistas também não aceitam a resposta liberal progressista. Pois qual a evidência possível de que essa história manchada de sangue vai mudar para melhor? Ao contrário, quase tudo depõe contra esse pensamento esperançoso. Só podemos ter uma fé *razoável* de que esse quadro possa mudar se formos capazes de combater de certa forma sua calamidade moral em termos não morais — em termos, por exemplo, do tipo de condições materiais que desencadeiam um estado permanente de conflito, que enseja um estado opressivo e põe a exploração humana na ordem do dia. Não há necessidade de imaginar que isto acabaria com *toda* a depravação humana, ou que aliviaria os indivíduos da responsabilidade, ou que mudar essas condições materiais produziria uma raça de Cordélias. Trata-se apenas de reconhecer que para ser bom você tem de ser abastado, ainda que ser abastado demais gere suas próprias licenciosidades. A maioria dos seres humanos colocados em condições de pobreza e opressão tenderão a não dar o melhor de si, e os que o fizerem serão ainda mais louváveis. Temos aí uma razão por que eles devem tomar cuidado para não projetar um futuro político com base nas identidades a que se prendem hoje.

Nesse sentido, a teoria da moralidade assistencialista apresenta muitos aspectos louváveis. Em termos morais, há muita coisa a respeito dos seres humanos que ainda não podemos julgar, já que não dispomos das condições materiais sob as quais eles mostrariam seu lado mais virtuoso. Estivemos observando-os em circunstâncias extremas, que é onde a ideologia do modernismo acredita que eles se revelam mais plenamente. O modernismo, ou alguns aspectos dele, pega o ser humano mais "provinciano" possível e o leva a um extremo, que é onde, segundo reza a teoria, a verdade oculta da subjetividade se revelará em todo o seu drama. Se você quer conhecer as profundezas inefáveis que se escondem sob um exterior harmônico, amarre uma gaiola com ratos esfaimados no rosto de um homem, como acontece no livro *1984*, de George Orwell, e veja o que ele diz. Ou, como na fábula altamente reacionária de William Golding, *O senhor das moscas*, coloque um bando de estudantes em condições materiais deprimentes e observe com satisfação quase teológica como em menos de uma semana eles revertem à selvageria. Tudo isso combina com as inclinações primitivistas ou atávicas do modernismo; todavia, o experimento é sem dúvida mal interpretado. Pois por que deveríamos crer que o que um homem diz diante de um rato faminto prestes a morder sua língua é verdade? Pessoalmente, eu não diria coisa alguma. Com efeito, algumas verdades vão emergir, na mesma proporção em que outras não. O pós-modernismo também tem grande interesse por essas situações "extremas", e por essas e por outras vem a ser um filho legítimo do modernismo que ele tanto recrimina. Para ambos os credos, os extremos desmascaram a norma para revelar a mentira ou ilusão que ela é. Mas se as normas são mesmo ilusões, então também não pode haver extremos, já que nada há com que compará-los e medi-los.

O extremismo torna-se assim nossa condição normal, o que significa dizer que não é extremo coisa nenhuma, tanto quanto não podemos saber se somos alienados já que os critérios com os quais deveríamos julgar essa condição são alienados junto conosco. Uma alienação total destruiria completamente e parece levar-nos de volta para onde estávamos. Até agora a história foi em certo sentido uma sucessão de circunstâncias extremas, como têm consciência os despossuídos e os possuidores, em geral, não; os estados de emergência, anormais para os últimos, são rotina para os primeiros. Mas só poderíamos saber disso se já tivéssemos alguma ideia de como se afiguraria uma condição não extrema, isenta de indignidade e exploração. E isso só poderia nascer da mesma história, que é um pouco do que Marx quer dizer ao definir essa narrativa como dialética ou autocontraditória.

Ver aquela história como contraditória significa derrubar o mito de que os marxistas são devotos simplórios do progresso, falácia que parece ter-se alojado obstinadamente na mente de alguns pós-modernistas. Equivoca-se quem considera progressistas todas as grandes narrativas: Schopenhauer, talvez o mais sombrio filósofo que já existiu, certamente se sentiu arrebatado por uma. Mas contestar que a História é progressiva não significa, evidentemente, afirmar que nunca há progresso algum — uma crença demasiado implausível que o pós-modernismo, no auge de seu cinismo, ainda assim parece acalentar. Você não precisa acreditar em uma idade de ouro para sustentar que o passado em certos aspectos foi melhor que o presente, assim como você não precisa ser um *whig* odiosamente presunçoso para argumentar que em certos aspectos o presente é melhor que o passado. Esses julgamentos se revelam mais empíricos que metafísicos, e levam em conta coisas como os benefícios dos anestésicos modernos ou da Europa medieval livre de energia ou armamento nuclear. Nesse sentido, ninguém duvida do progresso histórico, e se duvidasse estaria fazendo uma afirmação tão metanarrativa como alguém que achasse que a história vinha progredindo desde o saque de Roma. Isto, no entanto, não equivale a acreditar que, digamos, existe um modelo universal para a história caracterizado por um crescimento inexorável de forças produtivas. Marx com certeza não acreditava nisso: ao contrário, parece que ele pensava que a condição mais típica era a de estagnação em vez da de desenvolvimento. O marxismo não é um ramo do determinismo ideológico que sustenta, por exemplo, que os vários modos de produção históricos devem suceder-se uns aos outros de uma maneira rigorosamente mecânica.

Portanto, pelo menos no que diz respeito à noção de progresso histórico universal, pareceria não existir nada para escolher entre o marxismo e o pós-modernismo. A diferença reside no fato de que, quando está em questão a época moderna, o marxismo admite bem mais nuanças de que o pós-modernismo no que diz respeito a quanto ela é progressista ou não. Parte do pós-modernismo radical tende a mostrar-se pluralista em relação à oposição política, mas monística em relação ao sistema que confronta. Como vimos, essa linha de pensamento às vezes interpreta o próprio sistema dominante como apenas "opressivo", e procura valorizar o que ele desativou. Nesse sentido, sua política consiste num exemplo clássico do pensamento binário que, do contrário, ela julgaria digna de reprovação. Ela assume essa visão simplista do poder dominante em parte porque, como vimos, flerta com a crença libertária ingênua de que poder, sistema, lei, consenso, normatividade são por si sós inequivocamente negativos. Se parte da filosofia pós-moderna tem uma visão mais sutil, o mesmo não ocorre com o que se pode qualificar como a cultura geral do pós-modernismo, seus impulsos intuitivos e predisposições sentimentais. Palavras como "norma", "lei", "autoridade", "poder" ecoam de um modo um tanto ominoso no seu consciente coletivo. Mas poder e autoridade sem dúvida são coisas excelentes; tudo depende de quem os tem, em que circunstâncias e para quais fins. O poder para desfazer a desgraça merece celebração e não escárnio, e o poder para desfazê-la absolutamente merece celebração absoluta. A normatividade quando quer dizer repressão sexual deve ser condenada, mas defendida quando significa, digamos, o acordo de praxe pelo qual trabalhadores conquistam o direito de faltar ao trabalho em determinadas situações.

Uma das razões pelas quais o pós-modernismo considera o poder indiscriminadamente negativo[4] decorre de ele mais ocupar sua atenção justo com essas formas negativas de poder. Nunca existiram palavras lisonjeiras para ser atribuídas ao patriarcado ou à supremacia racial. E pareceria então lógico que também se estendesse isso para a classe social, isto se o pós-modernismo é capaz de mostrar algum entusiasmo pela ideia. A classe social tende a aflorar na teoria pós-moderna como um item da tríade classe, raça e gênero, uma fórmula que rapidamente assumiu para a esquerda o tipo de autoridade que a Santíssima Trindade costuma exercer para a direita. A lógica desse encadeamento triplo é por certo evidente: o racismo é ruim, o sexismo idem, e por isso também o é algo chamado "classismo". "Classismo", nessa analogia, pareceria representar o pecado de estereotipar as pessoas com base em sua classe social, que, levado ao pé da letra, significaria que era politicamente incorreto definir Donald Trump como sendo um capitalista. Os socialistas, entretanto, recusam-se de maneira desabrida a subscrever a crença ortodoxa de que classe social representa algo nocivo, ainda que eles tenham a intenção de aboli-la. Para o socialismo, a classe trabalhadora é algo excelente, visto que sem ela ninguém poderia usurpar o poder do capital. A burguesia de modo geral pode representar hoje uma coisa ruim, mas mereceu muita admiração no seu apogeu revolucionário, quando lutou com surpreendente coragem contra as brutalidades dos *anciens régimes* e nos legou uma herança preciosa de liberdade, justiça e direitos humanos, para não falar de uma cultura magnífica. (É essa cultura, aliás, que muitos trabalhadores, bem como os sujeitos das colônias, tentaram arduamente adquirir para usá-la em favor dos próprios fins, e que alguns pós-modernistas acham digna de ser jogada no lixo.) A questão, de todo modo, é que temos aqui um ponto de vista bem diferente do tipo de moralismo a-histórico que sustenta que classe social, como sal e tabaco, não são muito bons.

Superficialmente, a tríade classe-raça-gênero parece bastante convincente. Algumas pessoas sofrem opressão por causa do gênero a que pertencem, outras por causa da raça e outras em virtude da classe. Mas essa formulação engana profundamente. Porque a opressão não resulta do fato de alguns indivíduos apresentarem certas características conhecidas como "da classe". Ao contrário, os marxistas consideravam que pertencer a uma classe social *significa* ser oprimido ou opressor. Classe significa nesse sentido categoria totalmente social, o que não acontece com o fato de ser mulher ou de ter um certo tipo de pigmentação da pele. Essas coisas, que não se devem confundir com ser feminina ou afro-americano, derivam do tipo de corpo que você tem e não do tipo de cultura a que você pertence. Ninguém que tenha consciência da triste situação a que nos levou o culturalismo poderia questionar a necessidade de afirmar algo por si só tão evidente.[5] Trata-se do tipo de declaração que os pós-modernistas tendem a achar assaz problemática, uma vez que acreditam com um dogmatismo de tirar o fôlego que toda referência à Natureza, pelo menos nas questões humanas, representa uma ameaça de "naturalizar". O natural, segundo essa visão, constitui apenas uma palavra mistificadora para aquelas práticas culturais discutíveis com que acabamos por acostumar-nos. É fácil ver como isso se aplica à visão de que a civilização humana entraria em colapso se não houvesse a parada do dia de São Patrício, mas mais difícil de ver como se aplica a eventos como respirar e sangrar. Também não é verdade que "naturalizar" se aplica a toda ideologia, como quase todo mundo, de Georg Lukács a Roland Barthes, parece ter presumido.[6] O próprio pós-modernismo invectiva contra "naturalizar" quando ele mesmo às vezes torna absoluto o sistema atual. Ele se arroga o título de "materialista" e depois, compreensivelmente cauteloso em relação aos biologismos racistas ou sexistas, passa a suprimir a parte dos seres humanos mais obviamente materialista, sua constituição biológica.

Como consequência, esse ramo do culturalismo está fadado a deixar escapar o que há de peculiar nessas formas de opressão que transitam na interface de Natureza e cultura. A opressão das mulheres é uma questão de *gênero*, que é exclusivamente um constructo social; mas as mulheres são oprimidas *como mulheres*, o que envolve o tipo de corpo que por acaso se tem. Ser burguês ou proletário, ao contrário, não se trata de uma questão biológica. Não haverá burguesia nem proletariado numa sociedade emancipada, mas certamente haverá mulheres e celtas. Pode haver mulheres liberadas, isto é, indivíduos do sexo feminino que são ao mesmo tempo emancipados, mas não podem existir assalariados liberados, dada a impossibilidade de ser as duas coisas ao mesmo tempo. "Classe média industrial" e "proletário" são questões interligadas, visto que uma sociedade não pode ter um sem o outro; mas as categorias sexuais e étnicas não são mutuamente constitutivas nesse sentido. Masculino e feminino, como caucasiano e afro-americano, são categorias bem mais reciprocamente definidoras. Ninguém, entretanto, tem um tipo de pigmentação da pele porque outra pessoa tem outra, nem é homem porque alguém mais é mulher, mas certas pessoas só são trabalhadores sem terra porque outros são senhores fazendeiros.

De todo modo, o marxismo, definitivamente, não tem nada a ver com classe. Como o próprio Marx comentou certa vez, o que havia de original no seu pensamento e no de Hegel não era a descoberta da classe social, que fora tão óbvia como a Mont Blanc muito antes de começarem a escrever. Era, sim, a afirmação bem mais controvertida de que o nascimento, crescimento e morte das classes sociais, junto com as lutas entre elas, estão intimamente ligados ao desenvolvimento de modos históricos de produção material. Isto pode ser verdade ou não, mas é importante nos certificarmos do que nosso interlocutor está dizendo. É essa perspectiva histórica que distingue o marxismo daquelas críticas de classe que só prestam atenção nos seus efeitos mais opressivos no presente. O marxismo não é apenas uma maneira imponente de achar odioso ou "privilegiado" que algumas pessoas pertençam a uma classe social e algumas a outra, como se pode considerar objetável que uns frequentem coquetéis enquanto outros têm de se contentar com uma lata de cerveja na geladeira. O marxismo é uma teoria do papel desempenhado pelo conflito entre as classes sociais num processo muito mais amplo de mudança histórica, ou não é nada. E, segundo essa teoria, não se pode dizer que a classe social seja indiscutivelmente uma coisa ruim, e por isso ser confundida com o racismo e o sexismo. Só um esquecimento pós-modernista do caráter multifacetado da história poderia permitir uma manobra dessas.

A tríade raça-classe-gênero favorece outro equívoco. Esses grupos sociais têm em comum o fato de que, nas atuais condições, lhes é negada a humanidade plena — embora a maioria dos pós-modernistas desconfiassem da frase "humanidade plena", e alguns deles até do termo "humanidade". Mas o interesse do socialismo nos trabalhadores não é a princípio uma questão de julgamento moral. Os trabalhadores não são os agentes potenciais da democracia socialista porque eles sofrem um bocado. No que tange à miséria, existe um sem-número de candidatos mais promissores para a ação política: vagabundos, camponeses necessitados, presidiários, aposentados e mesmo estudantes empobrecidos. Os socialistas nada tinham contra esse grupo: com efeito, alguns deles foram estudantes empobrecidos ou presidiários, e se os jovens persistirem na sua apatia pós-política é provável que em breve todos os socialistas sejam aposentados. Mas esses grupos nem agentes potenciais da mudança socialista são, uma vez que não estão bem localizados dentro do sistema de produção, organizados nele e integrados a ele, de uma forma que pudessem operá-lo de modo mais cooperativo. Não se trata de uma competição entre socialistas e pós-modernistas para escolher que grupo oprimido promover, visto que, no que diz respeito ao socialismo, nesse caso não existe essa escolha. Já que ninguém pode realizar por outra pessoa a sua emancipação, por uma questão de princípio democrático as vítimas do poder opressor devem libertar-se dele; e, na área da produção material, isto significa aqueles que são diretamente desfavorecidos por esse poder. Mas esse mesmo princípio reza que as mulheres, por exemplo, e especificamente as que não trabalham, se constituem os agentes da mudança política quando está em questão o império do patriarcado. Se se equivocam alguns marxistas de Neandertal ao imaginarem que existe um único agente da transformação social (a classe trabalhadora), também se equivocam os pós-modernistas novidadeiros ao imaginarem que esse agente ficou ultrapassado diante dos "novos movimentos políticos". Pois isso significaria tanto negar que a exploração econômica existe, ou imaginar com presunção "elitista" que as mulheres ou os *gays* ou os grupos étnicos que não fazem parte da classe trabalhadora poderiam assumir o lugar dela no desafio ao poder do capital.

Os socialistas, portanto, não são tão absolutistas em suas atitudes em relação à classe social como os pós-modernistas com mentalidade relativista; tampouco veem o sistema social dominante nesses termos reducionistas, unilaterais. É verdade que nem todo o pós-modernismo o faz: parte dele, por exemplo, aprova com reservas a liberdade consumista enquanto permanece crítica do capitalismo em outros aspectos. Mas esse pesar de ganhos e perdas empíricos difere bastante do alcance da natureza historicamente contraditória do sistema. *O sistema capitalista é progressista?* A única resposta razoável é um firme sim e não. Por outro lado, o elogio de Marx ao capitalismo sem dúvida é bem justificado. O capitalismo, como ele nunca se cansa de argumentar, representa o sistema social mais dinâmico, revolucionário e transgressivo que a história já conheceu, aquele que dissipa barreiras, desconstrói oposições, amontoa de forma promíscua várias formas de vida e desencadeia uma infinidade de desejos. Símbolo de superávit e excesso, constantemente ultrapassando a medida, trata-se de um modo de produção que produz uma riqueza de energias humanas até então jamais sonhada, levando o indivíduo a um auge de sutil complexidade. Como o maior acúmulo de forças produtivas que a história já testemunhou, é o capitalismo que pela primeira vez torna exequível o sonho de uma ordem social livre de privação e labuta. Como o primeiro modo de produção verdadeiramente global, ele erradica todos os obstáculos provincianos para a comunicação humana e estabelece as condições para a comunidade internacional. Seus ideais políticos — liberdade, justiça, autonomia, igualdade de oportunidades — ofuscam, pelo menos em princípio, quase todas as ideologias anteriores em profundidade de humanismo e universalidade de escopo.

Adquire-se tudo isso, evidentemente, ao custo mais terrível. Essa liberação dinâmica e exuberante de potencial também significa uma longa e inqualificável tragédia humana, em que os poderes são estropiados e malbaratados, vidas esmagadas e estragadas, e a grande maioria de pessoas condenada ao labor infrutífero para o lucro de poucos. Decididamente, *o capitalismo não é um sistema progressista*, nem nada parecido. E o pós-modernismo acusa justo o marxismo por sua visão monística, reducionista e não linear! A imagem que o marxismo apresenta do capitalismo é a de um sistema congelado em seus modos fixos de representação, contudo mobilizando um desejo que invalida toda representação; que gera um carnaval de diferença, inversão, transgressão, enquanto nunca deixa de ser rigidamente autoidêntico; que se reproduz por uma troca rigorosamente quantificada de mercadorias espectrais e elusivas, enigmas encarnados de presença e ausência; que constantemente faz aparecer desigualdade material da igualdade abstrata; que carece de uma autoridade de que está sempre escarnecendo, e de fundamentos imutáveis que ele ameaça chutar para longe; e que não para de pressionar os próprios limites e alimenta os próprios antagonismos. Não é de admirar que a ironia representasse a figura de linguagem mais preciosa de Marx.

O próprio capitalismo, em suma, desconstrói a diferença entre sistema e transgressão, ainda que de modo parcial; e foi a linguagem do materialismo histórico que tradicionalmente começou a tentar capturar essa série quase impensável de aporias. A ideia de um sistema cuja própria lógica o desalinha: isto, certamente, estava implícito no materialismo histórico muito antes da desconstrução entrar na pauta intelectual. É essa visão dialética que recusa, por um lado, o tipo de pós-modernismo reacionário que vê o mercado como encantadoramente positivo e, por outro, o tipo de pós-modernismo radical para o qual o valor criador precisa ser encontrado, não oculto na própria lógica do sistema em si, mas só em suas fissuras ou refugos de produção, nas suas periferias ou nas suas negações apocalípticas. Ambas as maneiras de pensar deixam escapar, por vias diversas, a natureza aporética do capitalismo, o paradoxo estarrecedor de um sistema cujas margens estão instaladas em seu centro.

Afirmar que o sistema capitalista constantemente pressiona os próprios limites é outra maneira de dizer que o projeto de modernidade é autodestrutivo. Grande parte do projeto socialista, poderíamos aventar, na verdade resume-se a uma única pergunta *faux naïf* dirigida ao iluminismo liberal: por que seus esplêndidos ideais nunca podem realizar-se na prática? Sob que condições materiais acontece de, assim que essas noções admiráveis de liberdade, justiça e etc. descem do paraíso para a terra, da esfera da ideologia para a esfera da sociedade política, elas começarem a se transformar por alguma lógica inexorável em seus opostos? Teria isso, por exemplo, a ver com o fato de que a realização da liberdade individual na esfera econômica acaba então minando a liberdade (junto com a justiça e a igualdade) na sociedade de um modo geral? Será que a anarquia do mercado não gera forçosamente um estado autoritário? As formas necessárias de razão que contribuem para controlar um meio ambiente hostil não poderiam também ser usadas para acorrentar e suprimir os próprios seres humanos?

Se tudo isso é verdade, então em certo sentido a modernidade como projeto nunca saiu do papel. Ou melhor, ela seguiu seu curso triunfal para acabar em algum ponto frustrando o próprio progresso. E, portanto, temos aí uma explicação para o crescimento do pós-modernismo, que nasce, dentre outras origens, das impossibilidades da modernidade, da sua implosão ou irônica autodestruição. Mas essa impossibilidade foi inerente a ela o tempo todo, e não um colapso final que permitiu ao pós-modernismo entrar em ação. É do idealismo da réplica do pós-modernismo à modernidade que o socialismo discorda, sua admissão ocasional de que essa época histórica pujante não passa de uma série de noções espúrias e narrativas quiméricas, sua falha em levantar a questão das condições históricas específicas sob as quais belas ideias como razão, liberdade ou justiça estão fadadas a se transformarem em paródias patéticas de si próprias. O socialismo se dirige para essas contradições *necessárias* da modernidade, não apenas para uma questão puramente formal da viabilidade ou não das grandes narrativas. Pois se *essa* grande narrativa em específico fracassou, não foi só por razões epistemológicas, mas porque — por exemplo — a teoria liberal sugere uma universalidade que a prática liberal com toda certeza consome, ou porque a liberdade para alguns, nessas condições, sempre se acompanha da falta de liberdade de outros. Nada disso determina a falência das grandes narrativas como tal, apenas a tragédia de uma história cujos ideais estavam condenados a soar falsos para seus herdeiros devido à sua incapacidade estrutural para dar-lhes corpo. O pós-modernismo representa em certo sentido o filho edipiano daquela época, desconcertado com a distância entre a bravata do pai e a pobreza de seus atos. O fato de a sociedade burguesa representar um patriarca menor, incapaz de universalizar suas ideias de liberdade, justiça ou autonomia, corrompe sua concepção do universal. Mas isso não equivale a argumentar que a universalidade é por si só especiosa — atitude que faz à modernidade a grande gentileza de definir o conceito da única maneira possível. Pouco se pode lucrar em substituir a afirmação abstrata da universalidade pela sua igualmente abstrata rejeição.

No final das contas, entretanto, o socialismo e o pós-modernismo não diferem totalmente quanto à questão da história. Ambos acreditam numa história que seria de pluralidade, liberdade de ação, plasticidade, versatilidade — que não seria, em suma, História. Para Marx, tem-se por objetivo libertar a particularidade sensível do valor de uso da prisão metafísica do valor de troca, o que implica muito mais que mudança econômica. Ocorre apenas que os dois pontos de vista diferem em como alcançar essa meta desejada. Para as correntes mais frágeis do pós-modernismo, pode-se conseguir essa história imediatamente, na cultura, no discurso, no sexo ou no shopping center, na mobilidade do sujeito contemporâneo ou nas abundâncias da vida social. Essas teorias utópicas projetam o futuro no presente, vendendo assim o futuro barato e aprisionando o presente dentro de si mesmo. Mas é certo ver que a menos que um futuro exequível *pudesse* de alguma forma se discernir dentro do presente, a menos que possamos indicar que realizações e liberdades de agora poderiam dar-lhe forma, a ideia do futuro permanece debilmente abstrata, o que consiste em outro tipo de falsa utopia. A prematuridade drástica do pós-modernismo também significa uma reprimenda àquele soturno diferimento da felicidade do qual a esquerda masculina tradicional tem sido infelizmente adepta.

Para uma versão menos comprometida do pós-modernismo, existir historicamente significa transpor o esquema falsificador da História e viver perigosamente, descentradamente, sem fins, bases ou origens, soltando o ruído estranho do riso sardônico e dançando extasiado na beira do abismo. É difícil saber o que isso significaria na prática — como exatamente se poderia viver "descentradamente" em Chipping Norton, e se dançar na beira do abismo é compatível com, digamos, usar óculos com aro de tartaruga ou devolver os livros da biblioteca dentro do prazo. Aqueles que cultuam o sujeito descontínuo, em que se incluem, aliás, muitos dos empiristas que o pós-modernismo denuncia, sem dúvida ficariam tão perturbados como o resto de nós se seus filhos deixassem de reconhecê-los de uma semana para outra, ou se o gerente do banco, dotado de inclinações filosóficas, lhes recusasse o dinheiro que depositaram seis meses antes, alegando que não se podia mais dizer que lhes pertencia. É difícil ver também como esse ponto de vista não consiste apenas numa outra forma de idealismo, para a qual a liberdade reside em interpretar o mundo de modo diferente. Segundo uma veia mais radical do pós-modernismo, liberdade e pluralidade ainda estão para ser criadas politicamente, e só podem ser alcançadas pela luta contra o desfecho opressivo da História, contra as condições materiais que transformações radicais no próprio sistema nos impuseram. O socialismo, como vimos, concordaria em combater a História: ele não tem nenhum desejo especial de perpetuar uma grande narrativa que no geral significou penúria e indignidade. Ocorre apenas que ele discorda de que o sistema se transformou a ponto de os socialistas poderem conseguir o que querem, ou de não precisarem mais do que tradicionalmente exigiram.

O próprio Marx recusava-se a condecorar tudo o que havia acontecido até então com o título de história. Para ele, tudo não passava de "pré-história", uma variação tediosa atrás da outra sobre o eterno tema da exploração. E essa "pré-história" assemelha-se em certos aspectos à História do pós-modernista. Como comentam tanto Marx como o Stephen Dedalus de Joyce, ela representa um "pesadelo" do qual estamos tentando despertar; e sonhar que acordamos para acabarmos descobrindo que continuamos dormindo faz parte desse pesadelo e condiz com a prematuridade pós-moderna. Para o socialismo, a morte da História ainda está por vir, não como uma supressão rápida do passado que poderia acontecer agora mesmo, talvez lendo Fukuyama ou Jean-François Lyotard, que nos permitiria começar de novo. Poucos temas apresentam um *pedigree* histórico mais respeitável que a ideia de que podemos romper com a história. Como observa Ellen Wood, o ceticismo epistemológico tem uma história tão velha quanto a própria filosofia.[7] Para Marx, a questão não é movermo-nos para o *telos* da História, mas sairmos de baixo de tudo aquilo de forma a podermos promover um começo — para que as histórias propriamente ditas, com toda a sua riqueza de diferenças, possam sair do papel. Isto representaria, no final das contas, a única conquista "histórica". E aqui universalidade e pluralidade caminham de mãos dadas. Pois só se pode falar de pluralidade genuína quando existem condições materiais para todos os seres humanos exercerem com liberdade sua autonomia, uma vez que assim viverão naturalmente suas histórias de maneiras distintas. Só quando dispusermos dos meios institucionais para determinar nossas histórias, a História deixará de constranger-nos. Nesse sentido, a noção humanista do agente autônomo e o conceito pós-moderno de sujeito múltiplo enfim não divergem. Mas *hoje* elas divergem para nós — visto que a efetivação dessas condições envolveria ação instrumental, propósitos determinados, noções de verdade, formas precisas de conhecimento, subjetividades coletivas, o sacrifício de certos prazeres — em resumo, tudo o que as formas mais consumistas de pós-modernismo execram.

Temos aí outro sentido em que, para o socialismo, a história se desenrola sob o signo da ironia. E se trata de uma ironia perigosa, dada a facilidade de destruir o alvo não instrumental na busca instrumental dele, de justificar os meios funcionais pelo fim não funcional. Até esse ponto, os que desejam situar a utopia no presente, na pior das hipóteses, estão nos lembrando daquilo por que lutamos, ainda que também ajudem a adiar a sua realização. O socialismo tem por objetivo moldar uma sociedade em que não teríamos mais de justificar nossas atividades diante do tribunal da utilidade — em que a realização de nossas potencialidades e capacidades se tornaria por si só um fim de satisfação pessoal. Marx acredita que essa autorrealização com liberdade constitui um tipo de valor moral absoluto, ainda que ele por certo tenha consciência de que a história exerce influência sobre quais as potencialidades e capacidades de que realmente dispomos e como pô-las em prática. Eis outro sentido em que para ele universalidade e particularidade não se mostram inconciliáveis por natureza, mesmo que discordem na questão da mercadoria ou na lacuna entre Estado e sociedade civil. O socialismo resume-se portanto, por essência, a uma questão estética: onde estiver a arte, haverá seres humanos. Mas existem maneiras distintas de estetizar a existência social, e essa difere bastante do estilo de vida, do desígnio, da mercadoria ou da sociedade do espetáculo.

A briga aqui entre socialistas e pós-modernistas em parte gira em torno do conceito de "clausura" (*closure*). Os pós-modernistas tendem a se irritar com a ideia, já que a identificam com formas objetáveis de dogmatismo e exclusividade. Mas dogma e clausura não são sinônimos. "Dogma", no sentido pejorativo, não significa proposições que são "fechadas" (pois quais não o são?), mas afirmações de verdades que se recusam a recorrer a quaisquer fundamentos aceitáveis ou evidência de per si. Nesse sentido, uma das formas mais comuns do dogma pós-modernista encontra-se no recurso intuitivo à "experiência", absoluta devido à impossibilidade de negá-la. (Nem todos os recursos à experiência precisam ser desse tipo.) Esse intuicionismo representa a forma mais sutil e difundida de dogmatismo contemporâneo, muito mais prevalecente nos círculos "teóricos" que qualquer fanfarrice autoritária. Existe também, poderíamos lembrar os pós-estruturalistas em especial, um sentido neutro da palavra "dogma", significando simplesmente aquilo que se ensina ou promulga, sem qualquer implicação inevitável de que está acima da contestação racional.

A questão, de todo modo, é que alguns radicais pós-modernos detestam tanto a ideia de clausura, que eles não gostariam de excluir absolutamente ninguém de sua ordem social almejada, o que parece de uma generosidade comovente mas não passa de um absurdo evidente. Clausura e exclusão, segundo o pensamento radical, não devem de forma alguma sofrer censura indiscriminada num espírito liberal sentimental. Por definição, não deve haver lugar para racistas, exploradores e patriarcas numa sociedade livre, o que não sugere que deveríamos pendurá-los pelos calcanhares nas torres da igreja. Uma sociedade genuinamente pluralista só se pode alcançar por uma oposição firme a seus antagonistas. Deixar de reconhecer isso equivale a projetar um futuro pluralista de volta ao presente conflituado, à maneira de certo pensamento pós-moderno, e assim arriscar atravancar de vez esse futuro. A ideia de que toda clausura é opressiva mostra-se, ao mesmo tempo, piegas em termos teóricos e improdutiva em termos políticos — para não dizer de todo vã, já que não poderia haver vida social sem ela. O negócio não é denunciar a clausura em si, sem dúvida uma atitude universalista, mas discriminar entre as suas variantes mais habilitadoras e as mais desqualificativas. Sob certos aspectos, a hostilidade pós-moderna à clausura não passa de uma versão teórica fantasiosa do desprezo liberal por "rótulos" e "ismos". É característico do liberalismo considerar restritivos os nomes e as definições, visto que os liberais hoje em dia costumam ocupar posições em que não têm grande necessidade deles. Mas o mesmo não acontecia no seu passado político. Que os governantes não precisem se nomear ou desenvolver "ideologias" constitui o exato indício de seu poder.

4. Sujeitos

O sujeito pós-moderno, diferentemente de seu ancestral cartesiano, é aquele cujo corpo se integra na sua identidade. De fato, de Bakhtin à Body Shop, de Lyotard às malhas de ginástica, o corpo se tornou uma das preocupações mais recorrentes do pensamento pós-moderno. Membros mutilados, troncos arqueados, corpos engalanados ou encarcerados, disciplinados ou ávidos: esse fenômeno se alastra nas livrarias, e vale a pena nos perguntarmos por quê.

A sexualidade, como anunciou Philip Larkin, começou nos anos 60, em parte como uma extensão das políticas radicais para áreas que elas lamentavelmente negligenciaram. Mas, à medida que as energias revolucionárias aos poucos arrefeciam, o interesse pelo corpo foi assumindo o seu lugar. Os leninistas de outrora transformaram-se em lacanianos de carteirinha, e todo mundo mudou da produção para a perversão. O socialismo de Guevara cedeu lugar à somatologia de Foucault e Fonda. No pessimismo demasiado francês do primeiro, em oposição às suas características mais politicamente ativistas, a esquerda podia encontrar um fundamento lógico sofisticado para a própria paralisia política. O fetiche significa, para Freud, aquilo que cobre uma lacuna intolerável; e há razões para alegar que a sexualidade tornou-se agora o fetiche mais em voga de todos. O discurso que pela primeira vez lançou com força total a noção de fetichismo sexual tornou-se ele mesmo um ilustre exemplo desse fetichismo. De Berkeley a Brighton, não há nada mais sexy que o sexo; e a preocupação com a saúde do corpo cresceu a ponto de se transformar numa neurose grave. Os conservadores, a bem da verdade, deram repetidas provas de obsessão quanto ao tema da sexualidade, entendendo a moralidade mais pelo lado do adultério que dos armamentos, do desvio sexual que da fome; e nos perguntamos se alguns pós-modernistas não estão virando um reflexo espantoso deles.

Assim, o corpo funcionou ao mesmo tempo como o aprofundamento vital das políticas radicais e seu total deslocamento. Existe um tipo glamouroso de materialismo em torno do discurso do corpo que compensa certos tipos mais clássicos de materialismo que, no momento, padecem de sérios problemas. Como fenômeno obstinadamente local, o corpo combina muito bem com a desconfiança pós-moderna em relação às grandes narrativas, assim como a paixão do pragmatismo pelo concreto. Uma vez que posso a qualquer hora saber onde está meu pé esquerdo sem precisar de bússola, o corpo oferece um modo de cognição mais íntimo e interno do que a racionalidade iluminista de hoje tão escarnecida. Nesse sentido, uma *teoria* do corpo corre o risco de autocontradição, restituindo à mente muito daquilo com que se pretendeu esvaziá-la. Mas, se o corpo nos dá um pouco de certeza sensorial num mundo cada vez mais abstrato, ele é também uma questão elaboradamente codificada, e assim também serve de instrumento para a paixão dos intelectuais pela complexidade. Ele é o ponto de junção entre a Natureza e a Cultura, oferecendo certeza e sutileza em igual medida. Com efeito, é surpreendente como a época do pós-modernismo se caracterizou simultaneamente por um afastamento da Natureza e um forte impulso em direção a ela. Por um lado, agora tudo é cultural; por outro, precisamos redimir uma natureza danificada da soberba da civilização. Esses dois fatos aparentemente opostos no fundo se harmonizam: se a ecologia repudia a soberania do humano, o culturalismo a relativiza.

Para os filósofos e psicólogos, a mente ainda é uma noção bastante sexy; mas os críticos literários sempre desconfiaram do intelecto desatrelado, preferindo conceitos encorpados e encarnados. Nesse sentido, se não em outros também, a nova somatologia representa o retorno, num estilo mais sofisticado, do velho organicismo. Em vez de poemas roliços como uma maçã, agora temos textos materiais como uma axila. Essa volta para o corpo nasceu em parte de uma hostilidade estruturalista à consciência, e representa o ato final de expulsar o fantasma da máquina. Os corpos constituem formas de falar dos sujeitos humanos sem cair no humanismo piegas, evitando aquela interioridade confusa que quase levou Michel Foucault à loucura. Por todos os seus saracoteios carnavalescos, o discurso do corpo consiste, portanto, entre outras coisas mais positivas, na nossa última forma de repressão; e o culto pós-moderno do prazer, pelo menos nas suas versões parisienses, representa uma questão muito solene, pomposa mesmo.

Para a nova somatologia, nenhum corpo velho serve. Se o corpo libidinoso está *in*, o corpo laborioso está *out*. Existem corpos mutilados aos montes, mas poucos subnutridos. O melhor livro do nosso tempo é sem dúvida *A fenomenologia da percepção*, de Maurice Merleau-Ponty; mas certos pensadores o consideram, com sua visão humanista do corpo como prática e projeto, nitidamente ultrapassado. De Merleau-Ponty a Foucault, o corpo passou de sujeito a objeto. Para Merleau-Ponty, como vimos, o corpo está "onde existe algo para ser feito"; para a nova somatologia, o corpo está onde alguma coisa — contemplar, imprimir, regular — está sendo feita em você. A isto costumava-se chamar de alienação, mas ela implica a existência de uma interioridade passível de alienação, proposição em relação à qual alguns adeptos do pós-modernismo guardam profundo ceticismo.

Faz parte do estrago causado pela tradição cartesiana que uma das primeiras imagens que a palavra "corpo" evoca seja a imagem de um cadáver. Anunciar a presença de um corpo numa livraria não quer dizer de forma alguma aludir a um leitor aplicado. Tomás de Aquino achava que não existia essa coisa de corpo morto, apenas os restos de um corpo vivo. O cristianismo deposita fé na ressurreição do corpo, não na imortalidade da alma; o que, em outras palavras, quer dizer que, se o paraíso não inclui meu corpo, ele não me inclui. A fé cristã também tem sem dúvida muito a dizer da alma; mas para Tomás de Aquino a alma constitui a "forma" do corpo, tão ligada a ele como o significado à palavra. Esse foi um ponto tratado por Wittgenstein, que uma vez comentou que o corpo constituía nossa melhor imagem da alma. O discurso da alma se fazia necessário àqueles confrontados com um materialismo mecânico, que rezava não haver qualquer distinção real entre o corpo humano e uma banana. Afinal de contas, ambos não passavam de objetos materiais. Nesse contexto, você precisava de uma linguagem que tentasse capturar o que distinguia o corpo humano das coisas à sua volta, e o discurso da alma representava, na melhor das hipóteses, uma maneira de consegui-lo. Não foi difícil o tiro sair pela culatra, todavia, tendo em vista a quase impossibilidade de não se fazer a representação mental da alma como um tipo fantasmagórico de corpo, e assim simplesmente se ver colocando um objeto indistinto dentro de um mais flagrante como meio de justificar a singularidade do último. Mas o corpo humano não difere de potes de geleia e escovas de dente porque esconde uma entidade espectral ausente nesses objetos; ele difere deles porque é um centro a partir do qual os objetos podem organizar-se em projetos relevantes. O corpo, diferentemente deles, é, digamos, criativo; e se dispuséssemos de uma linguagem que captasse de modo adequado essa criatividade corporal talvez nunca tivéssemos precisado do discurso da alma para começar.

O aspecto peculiar do corpo humano reside, portanto, apenas na sua capacidade de transformar a si próprio durante o processo de transformar os corpos materiais à sua volta. Nesse sentido, sim, ele antecede estes corpos, como um tipo de "superávit" em relação a eles, em vez de ser um objeto para avaliarmos junto com eles. Mas se o corpo forma uma prática autotransformativa, então ele não é idêntico a si próprio como acontece com os cadáveres e os tapetes, e justo isso a linguagem da alma também tentava afirmar. Ocorre apenas que essa linguagem situa a não autoidentidade no fato de o corpo ter um adicional invisível que é o verdadeiro eu, em vez de ver o verdadeiro eu como uma interação criativa com meu mundo — uma interação possibilitada pelo tipo peculiar de corpo que possuo. Não se pode dizer que arminhos e esquilos possuem alma, por mais encantadores que os achemos, porque seus corpos não são do tipo que pode agir de maneiras complexas sobre o mundo e assim entrar necessariamente em comunhão linguística com seus companheiros. Corpos silenciosos não falam, ou pelo menos não se comunicam. O corpo humano se distingue pela capacidade de fazer algo daquilo que os faz, e nesse sentido tem por paradigma aquela outra marca da nossa humanidade, a linguagem, dádiva que leva sempre ao imprevisível.

É importante não nos vermos, como o pós-modernismo costuma fazer, como criaturas "culturais" em vez de "naturais", mas como seres culturais em virtude de nossa natureza, o que equivale a dizer em virtude dos tipos de corpos que temos e do tipo de mundo a que pertencem. Porque todos nascemos prematuramente, incapazes de tomarmos conta de nós mesmos, nossa natureza contém um abismo cavernoso para dentro do qual a cultura deve mover-se de imediato, se não logo morreríamos. E esse mergulho na cultura significa ao mesmo tempo nosso esplendor e nossa catástrofe. Como todas as melhores Quedas, essa foi uma queda feliz, que nos fez entrar na civilização em vez de jogar-nos às feras. *A criatura linguística* tem vantagem sobre seus pares em todos os aspectos: ela pode ser sardônica ou tocar trombone, torturar crianças e armazenar armamentos nucleares. De certa forma, a linguagem nos emancipa das limitações obtusas da nossa biologia, permitindo abstrairmo-nos do mundo (que inclui para esse fim nossos corpos), e assim transformá-lo ou destruí-lo. A linguagem nos liberta da prisão dos nossos sentidos, e se torna uma maneira de todo leve de trazermos o mundo conosco. Só uma *criatura linguística* poderia ter história, ao contrário de uma lesma, que imaginamos sempre igualzinha. (Não vai aqui nenhuma pretensão: sem dúvida as lesmas dispõem de uma inteligência maravilhosa à sua maneira, e provavelmente dão ótimas companhias, mas sua existência, vista de fora, parece um tanto aborrecida.) Devido ao dom da linguagem, a criatura humana corre o risco de desenvolver-se muito rápido, livre de suas reações sensoriais, e portanto de exceder às próprias possibilidades e não chegar a lugar nenhum. Destarte, a existência humana mostra-se excitante mas precária, ao passo que a carreira de uma lesma é entediante mas segura. Lesmas e castores não podem atacar uns aos outros com facas, a menos que o estejam fazendo às escondidas, mas também não podem realizar cirurgias. Uma criatura condenada ao significado nunca deixa de correr perigo. Faz parte de nossa natureza que sejamos capazes de transcendê-la, como faz parte do sistema de linguagem que ele seja capaz de gerar eventos conhecidos como atos da fala, que podem transgredir o próprio sistema. Temos na poesia um desses exemplos.

O pós-modernismo, dado o seu temor do natural, exceto quando ele se manifesta sob a forma de florestas tropicais, tende a negligenciar o fato de os seres humanos ficarem no limiar entre natureza e cultura (assunto de grande interesse para psicanalistas), e trata logo de reduzi-los à segunda. O culturalismo constitui uma forma de reducionismo tanto quanto o biologismo e o economismo, palavras que ao serem pronunciadas todos os pós-modernistas obstinados se benzem. E o corpo é o sinal mais palpável dessa intermediação — talvez mais que a linguagem, que também constitui uma atividade dos seres da nossa espécie mas que parece muito mais do lado da cultura. Se está em questão substituir o discurso da alma pelo discurso do corpo, então faz sentido deixar de lado o discurso de *ter* um corpo e substituí-lo pelo discurso de *ser* um corpo. Se meu corpo representa algo que uso e possuo na analogia de um abridor de latas, então poder-se-ia pensar que eu teria necessidade de outro corpo dentro desse para fazer o uso, e assim por diante, num retrocesso infinito. Mas esse antidualismo fiel, embora salutar em alguns aspectos, também não procede no que diz respeito a muitas de nossas intuições acerca do monte de carne que arrastamos por aí. Faz perfeito sentido falar de usar meu corpo, como quando o utilizo como ponte sobre o precipício, a fim de que meus companheiros possam atingir o outro lado com segurança caminhando sobre minha coluna vertebral. O tempo todo objetificamos nosso corpo e o das outras pessoas, vendo-os como uma dimensão necessária do nosso ser, e o pós-modernismo equivoca-se ao acreditar, mais com Hegel que com Marx, que toda objetificação significa alienação. Com efeito, tem muita objetificação discutível por aí; mas nem por isso os corpos humanos perdem sua condição de objeto material, sem a qual inexistiria a possibilidade de relacionamento entre eles. De modo algum ser um objeto constitui a característica mais distintiva do corpo, mas ela representa o requisito para qualquer coisa mais criativa que ele pode realizar. A menos que você possa me objetificar, não se pode falar de reciprocidade entre nós.

Merleau-Ponty nos chama de volta ao eu corpóreo, à natureza situada e encarnada do ser. Seu colega Jean-Paul Sartre tem uma narrativa um tanto menos otimista para falar do corpo, como aquele "fora" de nós de que nunca conseguimos ter uma ideia bastante clara, aquela diferença indomável que ameaça abandonar-nos ao escrutínio petrificante do observador. Sartre se mostra bastante anticartesiano na sua ideia da consciência humana como mero vazio anelante, mas suficientemente cartesiano na sua noção da indefinível lacuna que separa a mente dos membros. A verdade do corpo não reside, como os liberais gostam de pensar, em algum lugar entre os dois, mas na tensão impossível entre essas duas versões de corporeidade, ambas justas em termos fenomenológicos. Não é de todo verdade que tenho um corpo, nem de todo verdade que sou um corpo. Esse impasse permeia toda a psicanálise, que reconhece que o corpo se constrói na linguagem, mas que também sabe que nunca vai estar totalmente à vontade lá. Para Jacques Lacan, o corpo se articula por signos só para se descobrir traído por eles. O significante transcendental que iria dizer tudo, sintetizar minha demanda e entregá-la a você inteira e completa, se constitui aquela impostura conhecida como falo; e uma vez que o falo não existe, meu desejo físico está condenado a ir tentando laboriosamente um signo parcial atrás do outro, de modo difuso e fragmentado.

Talvez seja por isso que o romantismo tenha sonhado com a Palavra das palavras, como um discurso firme como a carne, ou com um corpo que tivesse toda a eficácia da linguagem sem sacrificar nada de sua substância sensorial. E num certo sentido a teoria literária contemporânea, com seu discurso exaltado da materialidade do texto, seus intercâmbios constantes de somatologia e semiótica, representa a última versão dessa visão, em estilo pós-moderno devidamente desencantado. "Material" é uma das principais frases de efeito dessa teoria, ao som da qual todas as cabeças progressistas se curvam em reverência; mas agora ela foi extrapolada para além de qualquer sentido exequível. Pois se até a significação é material, então nada há que não o seja, e o termo simplesmente perde todo o sentido. A nova somatologia nos devolve à condição de criaturas num mundo abstraído, e isso consiste numa de suas conquistas duradouras; mas ao tirar o fantasma da máquina, ela corre o risco de difundir a própria subjetividade como sendo nada mais que um mito humanista. Fazendo isso, ela afasta-se do humanismo liberal, que alimenta ideias do sujeito gravemente inadequadas; e é para essa batalha cruel entre liberalismo e pós-modernismo que podemos voltar-nos agora.

Ninguém tem dúvida do que todas as pessoas querem, só do que isso significa. Todo mundo quer felicidade, apesar da opinião fulminante de Marx e Nietzsche de que só os ingleses desejavam *isso*. Mas isso correspondia a uma bofetada na versão peculiarmente anêmica de felicidade abraçada pelos utilitaristas ingleses, para quem a felicidade é em essência uma questão não problemática, redutível para todos os efeitos ao prazer. Mas para alcançar a felicidade eu preciso às vezes renunciar a pequenos prazeres; e se a noção de felicidade não fosse tão obscura e maltratada como é, presumivelmente não teríamos nos sobrecarregado com aqueles discursos intricados conhecidos como Filosofia da Moral, que se encarrega, entre outras funções, de examinar em que consiste a felicidade humana e como se faz para alcançá-la.

A aurora da modernidade foi o momento em que começamos a dar-nos conta de que havia muitas versões conflitantes da boa vida; de que nenhuma dessas versões apresentava fundamentos inexpugnáveis; e de que, curiosamente, não éramos mais capazes de chegar a um consenso quanto às questões básicas nesse ramo. Digo "curiosamente" porque pode ter ocorrido a alguém que talvez tenhamos concordado no básico e discordado nos particulares. No entanto, mesmo que quase todo mundo concorde que comer pessoas é ruim, pelo menos enquanto as pessoas ainda estão vivas, não podemos concordar sobre por que concordamos com isso. Com o advento da modernidade, a humanidade pela primeira vez passa a considerar essa condição extraordinária, agora completamente familiar para nós, em que deixamos de estar de acordo em todas as questões mais vitais — condição que teria sido para lá de inimaginável para alguns dos antigos, e que parece interceptar toda possibilidade de construir uma vida em comum.

O desfecho político dessa condição é o liberalismo. Se existem muitas concepções diferentes do bem, então o Estado se deve construir de modo a acolher a todas. O Estado justo é aquele neutro a respeito de qualquer concepção específica de uma vida boa, limitando sua jurisdição a oferecer condições para que os indivíduos descubram isso por conta própria. Ele faz isso garantindo a cada indivíduo os assim chamados requisitos básicos para essa investigação, ao mesmo tempo que os protege evitando que as ações dos outros os impeçam injustamente de realizar essa empreitada. Existe uma divergência entre os liberais libertários e os assistencialistas quanto até onde deve ir essa iniciativa política: ela deveria estender-se, como creem os assistencialistas, a ajudar a manter as pessoas vivas, visto que, caso contrário, sua busca de uma vida boa sofreria grave impedimento, ou isso constituiria em si uma infração indevida da liberdade deles? Independentemente dessa controvérsia, todos merecem a mesma consideração nesse aspecto, pois todos têm o mesmo direito a uma vida boa. Mas não se pode predefinir a boa vida, por um lado porque há por aí muitas diferentes versões dela, por outro porque descobri-la ou criá-la por conta própria deve, com efeito, representar uma parte dela. Para a modernidade, qualquer coisa boa que eu não tenha pessoalmente legitimado como tal não chega perto de ser boa como poderia.

Em um movimento que surpreenderia a maioria dos antigos, agora a vida boa tornou-se uma questão privada, enquanto a iniciativa de possibilitá-la permanece pública. Muitos teóricos da antiguidade jamais conceberiam essa distinção entre o ético e o político. A ideologia do humanismo cívico ou republicano vê um em termos do outro: eu exercitar a virtude, realizar meus potenciais e capacidades como ser autônomo significa, entre outras coisas, eu participar com os outros da administração da *polis*. Não pode existir essa tal de virtude privada, nem uma concepção de vida boa que seja só minha.

A ideia liberal do Estado, como reconhecem seus apologistas mais astutos, representa um paradoxo patente. Pois a pretensão de que o Estado deveria manter-se neutro quanto ao bem parece inevitavelmente afirmar uma certa concepção do bem, e assim não há neutralidade alguma. Também vem a implicar uma certa definição do mal: a saber, qualquer "bem" perseguido individual ou coletivamente cujas consequências se mostram hostis à apatia ética do Estado. Faz parte da integridade do Estado liberal que ele acolha tanto os socialistas como os conservadores; mas ele não pode de fato atuar como espectador indiferente dos projetos deles, já que, se realizados, eles poderiam acabar subvertendo essa indiferença. Nesse sentido, poderíamos afirmar, o Estado liberal é ele mesmo uma espécie de "sujeito", com desejos e aversões peculiares, mesmo se ele se vê como meras precondições sem sujeito de nossa subjetividade. Uma vez que suas próprias estruturas inevitavelmente favorecem a formação de interesses hostis a elas, ele não é menos neutro que tolerante, e tolerância é uma virtude praticada apenas por sujeitos.

Não se deve, entretanto, confundir essa questão com o argumento esquerdista de segunda mão de que o desinteresse mascara de modo especioso uma série de interesses. O desinteresse do Estado liberal é *obviamente* um interesse por si só, e os liberais não têm motivos para envergonharem-se disso. Minha indiferença em relação ao seu tormento moral não mascara minha real atitude para com você; ela *é* minha real atitude para com você, e não a que eu me dou ao trabalho de dissimular para você. Sou indiferente ao seu tormento porque considero que ajo assim em seu próprio interesse; e já passaram por aqui benfeitores enxeridos demais. O Estado liberal interessa-se por ser, dentro de certos limites rígidos, genuinamente desinteressado — não se importar com os tipos de bens que as pessoas conquistam, porque ele acredita não ter direito algum nesse assunto e que essa é a postura correta a adotar. Pode soar paradoxal que o desinteresse constitua uma forma de interesse, mas não é necessariamente hipócrita ou contraditório. Do ponto de vista comunista, o Estado liberal merece crítica não porque ele finge não se importar quando no fundo o faz, mas porque ele de fato não se importa e deveria se importar. Os comunistas reclamam que o Estado deveria se ocupar de maneira mais ativa da definição da vida boa; mas reconhece que esse Estado se importa muito em criar as precondições para isso — se importa porque valoriza a prosperidade individual e porque acredita com paixão que o desinteresse, que significa não privilegiar nenhum desses indivíduos na sua concepção do que se considera essa prosperidade, constitui a melhor maneira de encorajá-la por toda parte.

Nesse aspecto, se não em outros mais, a doutrina do liberalismo mostra-se mais paradoxal que incoerente, o que vem a derrubar algumas críticas banais que a esquerda lhe faz. O mesmo ocorre com certos protestos contra seu individualismo, hoje enfadonhos de tão familiares. O liberalismo constitui de fato uma espécie de individualismo, mas a esquerda costuma reconhecer de maneira equivocada a que nível se eleva isso. Numa demonstração conveniente de busca ao alvo imaginário, todo o liberalismo é visto como promovendo uma noção hobbesiana primitiva do eu como um átomo natural puro anterior a suas condições sociais, ligado a outros átomos também antissociais por uma série de relações puramente contratuais exteriores à sua substância interior. Isto não soa muito atraente, mas alguns pós-modernistas parecem mesmo imaginar que todos os liberais, por definição, devem pensar assim. A história da filosofia ocidental, como querem que acreditemos, é de um modo geral a narrativa desse sujeito completamente autônomo, ao contrário do sujeito disperso, dividido da ortodoxia pós-moderna recente. Não se deveria aceitar sem questionar essa paródia ignorante e dogmática da filosofia ocidental. Para Espinosa, o sujeito é mera função de um determinismo implacável, sua "liberdade" nada mais que o conhecimento da necessidade impiedosa. David Hume entende o eu como uma ficção conveniente, um monte de ideias e experiências cuja unidade só podemos admitir por hipótese. O sujeito moral de Kant mostra-se de fato autônomo e autodeterminado, mas de uma maneira misteriosa em total conflito com sua determinação empírica. Para Schelling, Hegel e outros idealistas, o sujeito está relacionado às suas raízes, como certamente também acredita Marx; para Kierkegaard e Sartre, o eu é agonizantemente não autoidêntico e, para Nietzsche, mera espuma na onda da vontade ubíqua de poder. Deixemos então de lado a grande narrativa do sujeito unificado. Não se questiona que existe decerto esse animal atormentando o pensamento ocidental; mas o relato é muito menos convenientemente homogêneo do que alguns devotos pós-modernistas da heterogeneidade nos levariam a pensar. A tradição liberal não tem necessidade alguma de postular um individualismo *ontológico*. Qualquer liberal razoavelmente sofisticado pode concordar que o sujeito é culturalmente construído e historicamente condicionado; ele pode estar carecendo menos de uma antropologia filosófica que de uma doutrina política que trate dos direitos desse sujeito diante do poder do Estado. E também não há por que só considerar esses direitos no sentido implausivelmente naturalista, rousseauniano. O termo "direitos" pode referir-se apenas àquelas necessidades e capacidades que, de tão vitais para nossa prosperidade e bem-estar, o Estado se vê constrangido a dar-lhes especial tratamento e proteção.

Apesar disso, entretanto, o liberalismo não deixa de *ser* um tipo de individualismo, como atesta sua teoria política. O que há de errado no desinteresse do Estado liberal não reside no fato de ele mascarar de modo especioso algum interesse, mas de cultuar explicitamente um: o interesse de suma importância da escolha individual. Seu problema não está em ter uma noção do bem que ele esconde à sorrelfa, mas em ter uma ideia assaz parcial do bem a que os outros bens se subordinam indevidamente. E nisso, com efeito, ele faz jus à acusação de beirar a incoerência. Pois, como argumentou Charles Taylor, outorgar um direito implica no estímulo efetivo à capacidade protegida por esse direito; soaria estranho selecionar alguma necessidade ou capacidade e depois ficar indiferente quanto a ela prosperar ou não. Mas isso, por sua vez, importa em fomentar, por meio de nossa participação política, o tipo de ordem social que favoreça tal prosperidade, podendo, portanto, ser entendida como ameaça à admissão liberal da primazia dos direitos políticos.[1]

Mergulhamos aqui na oposição poderosa entre deontologistas e teleologistas, kantianos e utilitaristas, os apologistas da primazia dos direitos e da justiça *versus* os líderes dos movimentos em favor da virtude e da felicidade. Os teóricos deontológicos, como Kant ou o grande estudioso liberal contemporâneo John Rawls, dão prioridade ao direito sobre o bem, justiça sobre felicidade, enquanto os moralistas teleológicos como os marxistas, utilitaristas e comunistas consideram que devemos concentrar nossa atenção na felicidade ou na vida boa, e que a questão dos direitos só faz sentido se inserida nesse contexto. Um autêntico deontologista como Kant sustenta que as ações são boas ou más independentemente de elas virem a maximizar a felicidade humana, ao passo que o utilitarista acredita, falando em termos genéricos, que a ação certa é justamente essa maximização. Para Kant, ponderar os possíveis efeitos benéficos de uma ação já significa macular sua pureza moral; para uma corrente mais inflexível do utilitarismo, o que interessa é a promoção do bem-estar geral, mesmo que isso signifique sacrificar a liberdade ou o bem-estar de indivíduos específicos. Todos os tipos de barganha entre os dois exemplos são decerto possíveis; a maioria de nós provavelmente concordaria em que há limites para o que se pode exigir de um indivíduo em prol do bem comum — que, como diria Rawls, o bem de cada pessoa importa igualmente, de tal forma que limita a busca do bem de todos; mas muitos de nós também achariam convincente a alegação teleológica de que o discurso moral não se deveria restringir às precondições da vida boa — a distribuição equânime de liberdade, por exemplo —, mas também examinar, à maneira da antiguidade clássica, em que deveria consistir a vida boa e qual a melhor maneira de garanti-la. Houve quem afirmasse, por exemplo, que Marx era um "deontologista misto", que entendia o bem moral como a promoção do bem-estar geral, mas não, digamos, à custa do imperativo deontológico de que todos os homens e mulheres têm direito de participar desse processo.[2]

Existe uma crítica padrão do socialismo ao liberalismo que vale a pena rever brevemente antes de passarmos para outras críticas menos batidas da doutrina. É que, sob determinado ponto de vista o liberalismo revela-se realmente contraditório, visto que as próprias condições destinadas a garantir uma vida boa só servem para miná-la. Se os direitos individuais incluem de modo central os direitos de propriedade (o que não é, parece, o caso de John Rawls), o Estado liberal vai gerar precisamente os tipos de desigualdade e exploração que subvertem a busca do bem-estar que ele devia promover. Com efeito, nem todos estarão de posse dos bens básicos necessários para traçar o próprio caminho para a felicidade. A alguns faltarão recursos materiais e espirituais, inclusive a estima dos outros que se pode reputar como um componente vital do bem-estar humano. Já que isso me parece uma crítica cabal, não vou me demorar muito com ela aqui; basta dizer que Rawls, em seu magistral *A Theory of Justice*, faz uma única referência à exploração, e numa nota de rodapé. Mas surgiu recentemente um tipo diferente de crítica do liberalismo por parte de pensadores como Charles Taylor e Alasdair MacIntyre — o primeiro um ex-católico, o segundo, numa harmoniosa simetria, um recém-convertido. Essa posição, no caso de MacIntyre uma curiosa mistura de Aristóteles, Tomás de Aquino e Wittgenstein, leva em conta as raízes culturais e históricas do eu, sua incorporação na tradição e na comunidade, e, segundo esse ponto de vista, reprova o que vê como o atomismo iluminista abstrato do sujeito liberal, com sua ética a-histórica e especiosamente universalista.[3]

Já mencionei que não há motivo para o liberal sagaz negar o valor da comunidade, visto tratar-se sem dúvida de um bem que muitos indivíduos buscam e que, portanto, o Estado liberal deve acolher. Na opinião do liberal, homens e mulheres são perfeitamente livres para perseguir seus fins comunistas, desde que eles tenham escolhido essa forma de vida boa; esse comunismo, entretanto, não deve ser *parte integrante* do Estado, visto que constituiria uma violação indevida dos direitos daqueles que quiseram buscar a felicidade sentados num quarto escuro com um saco de papel na cabeça. Poderíamos argumentar que se os arranjos políticos são do tipo socialista, cívico humanista, comunista ou habermasiano, que exige que eu gaste um tempo considerável com atividades comunitárias ou tomadas de decisões coletivas, eu tenho então menos tempo para passar todas as minhas horas acordada experimentando uma roupa de couro atrás da outra na privacidade do meu quarto; e se acontece de isso representar para mim uma vida boa, então cabe ao Estado não me dispensar um tratamento diferente, que sem dúvida me prejudicaria.

O próprio Estado, em resumo, não deve classificar os bens segundo uma ordem hierárquica; mas, do ponto de vista socialista, ele já o fez. Visto que eliminou formas de comunidade no nível das próprias estruturas e assim, por exemplo, censurou qualquer manobra para controlar de modo mais cooperativo a vida econômica. Esse arranjo decerto colidiria com concepções rivais do bem que o Estado liberal também deve permitir medrar. Não compete ao Estado deliberar entre noções alternativas de felicidade. Sua visão não supera à da girafa quanto a saber se saltar por aí num avental de couro tem mais ou menos valor do que a gestão democrática da economia. Sua única preocupação reside em que nenhuma concepção específica da vida boa faça parte de suas estruturas. Mas, considerando a impraticabilidade da gestão socialista da economia sem um projeto desses, ele conseguiu eliminá-la enquanto aparentava preservar uma posição neutra em relação a ela. O Estado liberal não exclui o socialismo porque o reputa sem valor, já que não tem opinião formada sobre o assunto. Ele o faz pelas razões que mencionei, que significaria ele ter de privilegiar uma ideologia específica. Todavia, as razões por que ele se recusa a fazê-lo são por si só ideológicas: a soberania da escolha individual.

Se o Estado liberal teme que o socialismo vá limitar a pluralidade de bens disponíveis para os indivíduos, acredito que se pode mostrar que esse temor é infundado. Em primeiro lugar, o socialismo, que como a propalada virtude só se mostra exequível quando se trata de uma sociedade rica,[4] aumentaria consideravalmente os bens básicos disponíveis para cada indivíduo buscar a própria felicidade, ao tentar eliminar a carência. Além do mais, ele não só construiria as instituições da comunidade sem o detrimento forçoso de outros bens, mais pessoalmente selecionados; ele iria de fato expandir aquela área da escolha pessoal, diminuir (por exemplo) o expediente de trabalho e assim aumentar o tempo de lazer. Uma das melhores razões para ser socialista é ter aversão a trabalhar muito. Nesse sentido, o socialismo decididamente não julga antiéticas as estruturas sociais mais comunitárias e a pluralidade de bens pessoais, e assim se resolve o conflito entre comunista e liberal. O mesmo se pode dizer em outras palavras. Os liberais fazem objeções ao socialismo, entre outras razões, porque temem que todo mundo acabaria acreditando na mesma coisa, compartilhando a mesma noção de bem-estar e assim empobrecendo fatalmente a liberdade da ação individual e a pluralidade de bens possíveis. O comunista faz objeções ao liberalismo exatamente porque na sociedade liberal homens e mulheres *não* compartilham formas de vida comuns em nenhuma escala abrangente, e se veem assim desarraigados, atomizados, deserdados. O socialismo, todavia, combina o melhor do liberalismo e do comunismo também nesse sentido. Ele compartilha com o primeiro a crença na determinação coletiva de significados e valores, bem como nas formações culturais e históricas do eu; mas acha que essa determinação coletiva vai resultar no tipo de ordem social heterogênea que os liberais mais admiram, e não no conjunto funesto de comunidades com feições de rebanho, potencialmente autocráticas, a que se volta a teoria comunista. Na prática, essa teoria às vezes parece querer dizer que, se você fumar na rua ou cometer adultério em certas cidades, seus vizinhos vão aparecer na porta da sua casa para lhe dar uma surra.

Existe uma ambiguidade crucial na frase "cultura comum" que impede que se veja que a formação coletiva de valores deve significar mais que uma pluralidade menor. Uma cultura comum pode exprimir uma cultura compartilhada em comum ou construída em comum; e, se os comunistas consideram que a última necessariamente implica a primeira, estão por certo equivocados. Posto que, se todo mundo é capaz, por meio das instituições da democracia socialista, de participar plenamente na moldagem da cultura, há grandes chances de resultar numa cultura muito mais heterogênea que uma cultura unificada por uma "visão de mundo" comum. Isto, presume-se, é o que Raymond

Williams tem em mente quando escreve que "Uma cultura comum não é, em nenhum nível, uma cultura igual ... Uma cultura em comum, nos nossos dias, não será a simples sociedade toda do velho sonho. Será uma organização muito complexa, necessitando sempre de ajustes e revisões ... Temos de garantir os meios de vida, e os meios da comunidade. Mas o que então se viverá, por esses meios, não podemos saber ou dizer".[5] Seria de se esperar que uma cultura comum compartilhasse certos valores só por causa de sua comunidade: o compromisso, por exemplo, para com a sustentação do que Williams chama de "os meios de comunidade". Entretanto, de uma cultura comum, no sentido de contar com a participação ativa de todos os seus membros, igualmente esperaríamos que ela produzisse uma pluralidade de valores e formas de vida. Para os socialistas, assim como para os humanistas republicanos,[6] o processo de compartilhamento na vida política é por si só uma questão de virtude, um meio vital pelo qual exercemos a livre autodeterminação. A sustentação das instituições políticas que vão permitir que o bem-estar, no sentido pessoal, prospere, também faz parte do bem-estar, representa a forma do conteúdo. A política não serve apenas de instrumento para criar as condições para o bem-estar pessoal, mas representa um exemplo maior disso. Para os liberais, ao contrário, a virtude se limita na maior parte à esfera privada, e se considera a arena pública sobretudo uma questão de direitos. Temos aqui uma das razões de por que o liberalismo tradicionalmente valorizou tão pouco a participação política.

Podemos ver esse caso também como resolvendo até certo ponto o debate entre deontologistas e teleologistas, pelo menos na esfera política. Alegar que a atividade política não serve só de instrumento para o bem privado, mas em vez disso pertence ao domínio da virtude, é uma outra maneira de dizer que a democracia não consiste apenas numa forma opcional de governo entre várias, a ser julgada segundo os padrões utilitaristas, mas num bem moral em si. Nesse sentido ela é uma questão deontológica em vez de teleológica, que não poderia, por exemplo, ser barganhada, no espírito utilitarista, por um aumento maior de outros bens de modo geral. Não optaríamos por uma ditadura só por ela manter os *pubs* abertos até mais tarde. Se essas decisões não são *nossas*, assim proclama a modernidade, seu valor diminui, por mais sagazes que se apresentem. (Pode-se dizer que o liberalismo leva esse caso a um extremo formalista, do qual o existencialismo talvez se constitua o *reductio ad absurdum*: importa menos o *que* eu escolho que o fato de que *eu* o escolho. Um tipo de ética adolescente, em suma.) Mas a democracia política também é teleológica, já que o governo democrático não existe em benefício próprio. Ele existe, entre outras coisas, como nos lembram os liberais, para permitir que o bem-estar pessoal prospere. As esferas públicas e privadas permanecem distintas, como querem os liberais; mas estão ligadas, o que eles não reconhecem tão facilmente, pela prática compartilhada da virtude, tanto na forma da autodeterminação democrática como no que isso contribui para a busca da felicidade individual.

Se vemos o socialismo como a combinação do melhor do liberalismo e do comunismo, o pós-modernismo combina o pior dos dois. Para começar, ele apresenta uma quantidade desconcertante de afinidades com o comunismo — desconcertante porque nem Richard Rorty nem Alasdair MacIntyre ficariam lisonjeados se lhes dissessem que em alguns aspectos são espelho um do outro. O pós-modernismo, como o comunismo, vê no iluminismo pouco mais que defeitos; ele também enfatiza a formação cultural e histórica do eu, a ponto de que submeter essas forças à crítica radical iria envolver, como vimos, um mergulho no espaço exterior metafísico. O comunismo tem um problema parecido, para dizer o mínimo, com o quanto suas normas ou tradições comunais estariam sujeitas ao automonitoramento crítico. Ambos os credos representam tipos de culturalismo, sustentando que a ação certa e a vida boa não podem ser definidas separadamente das práticas culturais contingentes que herdamos. O eu para as duas doutrinas se encaixa numa história puramente provinciana, de forma que os julgamentos não podem ser universais. Os julgamentos morais, para Rorty e sua turma, de fato dizem "Não fazemos esse tipo de coisa por aqui"; ao passo que uma mulher dizer "a discriminação sexual é errada" costuma significar que *fazemos* esse tipo de coisa por aqui mas não deveríamos.[7] A questão, de todo modo, começa a desmoronar um pouco quando você se dá conta de que as pessoas fazem muitas coisas conflitantes dentro da mesma cultura, e com muita frequência herdam diversas tradições incompatíveis. O convencionalismo ou comunismo precisa manter suas formas de vida razoavelmente unificadas, sem grandes divisões internas. Existem, é claro, diferenças-chave entre as duas correntes: o liberalismo burguês que Rorty defende às claras não tem muito em comum com o neoaristotelismo de MacIntyre, e o primeiro se mostra bem mais irônico em relação às próprias fidelidades que o último. Mas para ambos os pontos de vista, o eu atinge o melhor de si quando faz parte de um conjunto de práticas culturais locais, por mais híbridas que pareçam aos pós-modernistas, e homogêneas aos comunistas.

Assim, no que tem de menos simpático, o pós-modernismo empurra a ótica comunista para um culturalismo desequilibrado, para um relativismo moral e para uma hostilidade aos universais, ao contrário do socialismo, que compartilha com essa ótica seus valores mais positivos de comunidade, historicidade e relacionalidade. Mas o pós-modernismo procede então à combinação de tudo isso com alguns dos aspectos menos palatáveis desse mesmo liberalismo que o comunismo encara como inimigo. Ele tem pouco a dizer das grandes causas liberais de justiça, liberdade, igualdade, direitos humanos e congêneres, visto que esses tópicos assentam desconfortavelmente com seu receio do "sujeito autônomo". E visto que, por razões similares, ele tem muito cuidado com a concepção antiga ou positiva de liberdade como autodeterminação, se vê forçado a recorrer à noção moderna ou negativa de liberdade, como viver como bem entendemos, livres de limitações externas. Entretanto, já vimos que ele força essa liberdade a ponto de o sujeito correr o risco de implodir, de forma a nada restar para usufruir dessa mesma liberdade. O sujeito liberal clássico pelo menos lutava para preservar sua identidade e autonomia junto com sua pluralidade, ainda que isso nunca tenha se revelado fácil; agora, numa deterioração drástica desse processo, o sujeito de uma fase mais avançada da sociedade de classe média vê-se compelido a sacrificar sua verdade e identidade em nome da pluralidade, a que passam a chamar ilusoriamente de liberdade. Ou, em outras palavras, o eu de produtividade do capitalismo liberal está cedendo terreno para o sujeito consumista de um estágio posterior daquela mesma história.

A liberdade do sujeito liberal clássico sempre se viu refreada, pelo menos em teoria, pelo seu respeito pela autonomia dos outros. Sem esse respeito ele ameaçava entrar em colapso, uma vez que os outros também não iam respeitar sua autonomia. Mas, se não existem lá fora outros autônomos, a liberdade do sujeito, no mínimo na fantasia, extrapola a estrutura jurídico-política em que se situa. Isto, contudo, é uma espécie de vitória de Pirro, já que também não há mais por aqui nenhum sujeito unificado a quem atribuir a liberdade em questão. Se essa liberdade envolve a dissolução do sujeito unificado, ela não pode, pela lógica, constituir-se liberdade alguma. Pareceria que o sujeito só seria livre de si mesmo. Chegamos a um libertarismo sem sujeito, que sugere que o que estava atrapalhando a liberdade do sujeito era nada menos que o próprio sujeito. E essa é uma imagem muito apropriada da sociedade existente, em que, para Marx, o limite do capital é o próprio capital, e que se apresenta como uma cultura eternamente autofrustrante. O sujeito autônomo dessa ordem social representa ao mesmo tempo a fonte de liberdade e, tanto na forma de si próprio como na de seus concorrentes, o obstáculo para ela.

Poderíamos imaginar, então, esse sujeito sonhando em desmantelar esses outros inconvenientemente autônomos, mesmo que essa vitória custasse a simultânea dissolução do eu que os confronta. Ou, dizendo de maneira diferente, todos agora converteram-se em consumidores, meros objetos do desejo. No lugar dos antigos outros autônomos, que teimavam em ser específicos, agora emerge uma Não identidade generalizada, portadores particulares do que se pode permutar sem distinção: mulheres, judeus, presidiários, homossexuais, aborígines. Essa abstração não faz parte do espírito do particularismo pós-moderno; nem parece muito lisonjeiro informar esses "outros" que eles não passam de significantes generalizados do Não-eu, para quem qualquer grupo deles, presume-se, daria no mesmo que qualquer outro. Nesse sentido, o Não-eu não significa de modo algum o oposto de valor de troca. O que torna homogêneas essas encarnações do Não-eu é o simples fato de que nenhuma delas representa eu, ou nós, o que implica uma perspectiva quase tão egoísta como o sujeito "humanista" mais desairoso. Reduzir o "outro" àquilo que destrói minha identidade constitui um gesto humilde de descentralização ou um gesto de amor-próprio? E se o mundo se esvazia junto comigo, à medida que um sujeito depauperado confronta uma realidade fictícia, esse sujeito é mesmo tão humilde quanto parece se ele se certificou de que lá fora não existe mais nenhuma realidade obstinada para resistir a ele?

Já vimos que o sujeito pós-moderno é, paradoxalmente, ao mesmo tempo "livre" e determinado, "livre" *porque* constituído até a alma por um conjunto difuso de forças. Nesse sentido, ele é simultaneamente mais e menos livre que o sujeito autônomo que o precedeu. Por outro lado, a tendência culturalista do pós-modernismo pode levar a um autêntico determinismo: o poder, o desejo, as convenções ou as comunidades interpretativas nos moldam, sem que possamos evitá-lo, a comportamentos e crenças específicas. A desculpa de excesso de determinação não afasta as implicações degradantes disso — que, afinal de contas, integramos sistemas múltiplos e conflitantes em vez de monolíticos, de forma a deixar o sujeito carente de identidade fixa, o que pode vir a confundir-se com sua liberdade. Um elétron também não tem posicionamento fixo, e não o congratulamos por sua condição emancipada. Como todo determinismo social desse tipo, esse ponto de vista ofende a dignidade racional dos seres humanos, cuja racionalidade pode mostrar-se bem mais frágil do que parecem pensar certos racionalistas, mas que nem por isso merecem ser reduzidos a uma espécie inteligente de truta.

Omite-se desse quadro o fato de que os seres humanos são determinados precisamente de modo a conseguirem certo grau de autodeterminação, e portanto prova-se falsa qualquer oposição cabal entre condicionado e autônomo. Se somos, dentro de limites razoáveis, autodeterminados, isto não se dá porque somos assaz autônomos de nosso meio ambiente, mas exatamente porque essa autodeterminação representa uma necessidade dele. Se não dispuséssemos de uma capacidade mínima de automotivação, por certo não estaríamos aqui para contar a história, o que significaria a morte de um tipo bem diferente de sujeito. Para sobreviver, o animal humano não pode contar só com os instintos, mas precisa utilizar-se de certos recursos de autocrítica. Para compreendermos a natureza protetora desse determinismo cultural, temos apenas de perguntar-nos se se poderia afirmar de modo igualmente categórico que, por exemplo, os afro-americanos e os irlandeses de Liverpool foram meros prisioneiros de suas convenções irrefletidas, tribalistas no sentido mais pejorativo da palavra. Contudo, às vezes se afirma algo parecido da, digamos, academia americana, de onde se pode escapar impune ao chamá-la de uma tribo limitada por códigos porque isto sugere um esvaziamento iconoclástico das pretensões racionalistas do Ocidente, revelando-se portanto mais antietnocêntrico que objetável.

Se, no entanto, o sujeito pós-moderno é determinado, ele é também independente, contingente, aleatório, e por isso um tipo de versão parodiada da liberdade negativa do eu liberal. Já vimos antes como acontece de esse conceito de heterogeneidade associar essas ideias antitéticas: se o sujeito se mostra escorregadio, é porque atua como o ponto de atrito entre forças culturais incompatíveis. Existe muito do desejo nietzschiano de poder nessa visão; mas ela combina muito bem com a experiência das sociedades capitalistas avançadas. (Evito o termo "recentes" já que não tenho a mínima ideia do quão recentes são.) Onde mais você pode sentir-se ao mesmo tempo moldado por forças implacavelmente determinantes e perdido de modo alarmante? Esse sujeito é em certos aspectos tanto uma criatura do mercado quanto o foi o sujeito muito diferente do liberalismo clássico, que também, aliás, tinha dificuldade de conciliar sua liberdade com seu determinismo. A dualidade de Kant do eu numênico e do eu fenomênico nesse sentido não passa de uma confissão de derrota. Mas, enquanto algum tipo de sujeito autônomo parecia sobreviver, ainda que inexplicavelmente, pelo menos se podia falar de justiça. Se não existem por aí sujeitos assim, então a todas as questões vitais que martirizaram a filosofia política clássica — seus direitos contra os meus, minha luta pela emancipação contra a sua — só resta se dissipar.

Ninguém, claro está, acredita nisso nem por um momento. Até os pós-modernistas merecem justiça e apreço: mesmo eles são, nesse sentido racional da expressão, sujeitos autônomos, como eles próprios reconheceriam se pudessem abrir mão de uma caricatura falsificada da noção em que menos pensadores do que eles imaginam acreditaram. Afigura-se de um dogmatismo cansativo sustentar que os sujeitos autônomos, autodeterminados, precisam invariavelmente ser inconsúteis, atomísticos, não relacionais, sem história, fundamentados metafisicamente e etc. — muito murro vestalino numa porta que nunca esteve bem fechada. Existem de fato essas ideologias virulentas por aí, e o pós-modernismo fez algum trabalho de excelente qualidade nos seus esforços para derrubá-las. Se é verdade que sua noção de sujeito corre o sério risco de se aproximar do consumismo naturalizante, também é verdade que esse eu despedaçado, esquizoide, de anseios vãos, tem mais que uma leve semelhança com a condição dos desprovidos. Com efeito, o famoso sujeito descentrado soou como um escândalo para aqueles muito cheios de si. Ele também ajudou a esvaziar uma esquerda política que achava que o negócio era simplesmente agir em vez de problematizar a natureza do agente, ou seja, eles mesmos. Falou da situação dos amordaçados e anônimos, e sua habilidade para distinguir poder na impotência e para intuir a força formidável da *kenosis* ampara-se numa tradição espiritual preciosa que sabe colher força do fracasso. Esse paradoxo parece nada mais que loucura para as potências dominantes, o que revela a exata medida de sua sabedoria.

Existe mesmo, portanto, tanto uma forma genuína como uma forma espúria de não-eu, e o pensamento pós-moderno, no auge da sua criatividade, foi capaz de extrair algo de seu poder elusivo. Se fôssemos deveras capazes de despir-nos do ego centrado, em vez de simplesmente experimentar o ato de teorizá-lo, com certeza se desprenderia um grande poder para o bem político. Mas nesse caso estamos presos entre duas épocas, uma morrendo e outra impotente para nascer. O velho eu "liberal humanista", que obteve notáveis conquistas em seu tempo, conseguiu transformar o mundo, mas só à custa de uma autoviolência que às vezes levava a desconfiar se valia mesmo a pena. O eu desconstruído que veio logo em seguida ainda tem de demonstrar que o não idêntico pode transformar assim como subverter, e os prognósticos até agora não se mostraram auspiciosos. Persiste, entretanto, um modelo que promete levar a identidade e a descentralização a uma aliança frutífera, modelo este que nos traz de volta aos temas esboçados acima. A ideia de uma democracia socialista pareceria envolver ao mesmo tempo autodeterminação e autodescentralização, já que o sujeito livre para moldar a si próprio, precisamente porque não está só nesse projeto, é ao mesmo tempo sempre não autoidêntico, extrínseco a si mesmo numa reciprocidade complexa, recebendo de volta seu desejo do lugar do Outro. Pelo menos nesse sentido, a velha oposição familiar entre sujeitos "humanistas" e "descentrados" revela-se bastante enganadora, visto que estar centrado, numa acepção da palavra, constituída por completo pelo não-eu, pertence à nossa natureza humana. Ao resgatar essa dimensão social da subjetividade, podemos evitar tanto o equívoco humanista de simplesmente modelar a solidariedade política com base em um único sujeito autodeterminante, agora coletivizado como deveria mas, em diferentes circunstâncias, quase todo inalterado, como a miopia de um sujeito que suspeita da solidariedade em si como se fosse um consenso opressivamente normalizante.

Existem limites, porém, para qualquer "solução" meramente teórica. Se ainda não conseguimos oferecer nenhuma resposta menos abstrata para o problema, não é por faltar-nos inteligência, mas porque, como acontece com as questões teóricas mais recalcitrantes, vemo-nos aqui debatendo-nos com as limitações atuais da linguagem — o que equivale a dizer, evidentemente, as limitações atuais do nosso mundo político.

5. Falácias

Falando como um humanista hierárquico, essencialista, teleológico, metaistórico e universalista, imagino que tenho uma explicação para dar. Quero dizer, suponho, que decerto poderíamos encontrar significações para todos aqueles termos que foram mais radicais do que gostariam as balelas pós-modernas recentes. Comecemos pelas mais fáceis.

É um equívoco confundir hierarquia com elitismo. O termo "elite", por si só bastante nebuloso, às vezes se vê associado a "vanguarda", que indica (independentemente de apoiarmos ou não as vanguardas) uma questão totalmente diferente. Elitismo significa a crença na autoridade de uma minoria seleta, o que, em termos culturais, costuma sugerir que os valores ou são ou deveriam ser restritos a um grupo privilegiado, autoeleito ou não, que deriva sua autoridade ou de algum status que não o prestígio cultural (sua origem social ou formação religiosa, por exemplo), ou só de sua influência cultural. Esse elitismo não se mostra de todo incompatível com uma certa veia do populismo, como o pensamento de W.B. Yeats, T.S. Eliot e Benito Mussolini demonstra fartamente. Ainda que essa *coterie* monopolize a *definição* de valores, esses valores depois são disseminados no sentido descendente, para acabar na consciência popular quer intactos, quer devidamente modificados. Todas as formas mais eficazes de elitismo também são populistas até a alma. "Hierarquia", termo que originalmente denotava as três categorias dos anjos, passou a significar qualquer tipo de estrutura graduada, não necessariamente uma estrutura social. No seu sentido mais amplo, quer dizer algo como uma ordem de prioridades.

Nesse sentido amplo da palavra, todo mundo é hierarquista, ao passo que nem todo mundo é elitista. Com efeito, você pode opor-se às elites porque elas desrespeitam sua ordem de prioridades. Democracia não é ausência de graduação: ao contrário, ela implica privilegiar os interesses do povo como um todo sobre os interesses de grupos de poder antissociais. Todo mundo concorda com alguma hieraquia de valores, compromisso que se pode argumentar fazer parte do eu. Como observa Charles Taylor: "Saber quem você é significa orientar-se no espaço moral, espaço em que se levantam questões sobre o que é bom e mau, o que vale a pena fazer ou não, o que tem significado e importância para você e o que é trivial e secundário."[1] Estabelecer valores faz parte da identidade social, e a vida social se extinguiria sem ela. Um sujeito que realmente não discriminasse não seria de jeito nenhum um sujeito humano, talvez seja por isso que alguns sujeitos pós-modernos que veem a apreciação como "elitista" só podem existir no papel. Também é difícil saber de onde eles tiram esse juízo de valor de que o valor é uma irrelevância. Os teóricos culturais às vezes gostam de fingir que o valor não tem importância, e houve decerto um grande culto a ele na antiga academia literária; mas enquanto a *intelligentsia* populista nega a superioridade de George Eliot em relação a *Beavis & Butthead*, o populacho que teima em julgar continua a preferir um programa de televisão a outro.

O pós-modernismo critica, entretanto, talvez menos a noção de classificação prática de prioridades do que a suposição de que tais prioridades são eternas e imutáveis. Prioridades conjunturais ou provisórias, tudo bem, prioridades visando a certos fins e dentro de certos contextos; o pós-modernismo só acha insidiosas as hierarquias *absolutas*. Mas também não parece haver nada terrivelmente censurável nas hierarquias absolutas. É difícil imaginar uma situação em que fazer cócegas nos esfomeados mostrar-se-ia preferível a alimentá-los, ou torturar pessoas menos repreensível que implicar com elas. A política radical adota necessariamente uma perspectiva hierárquica, em que precisa de alguma maneira calcular a distribuição mais eficaz de suas energias limitadas entre uma série de questões. Ela assume, como todo sujeito racional, que algumas questões têm mais importância que outras, que alguns lugares representam pontos de partida preferíveis a outros, que certas lutas são cruciais para uma forma específica de vida e outras não. Ela pode, sem dúvida, calcular de modo desastroso esses assuntos, pondo de lado durante anos, ou quem sabe um século, conflitos na verdade vitais, que ela culposamente negligenciou. Foi justo o que a esquerda marxista fez ao longo de muito tempo de sua carreira. Mas isso não serve de argumento contra o fato de que algumas questões são efetivamente mais centrais que outras, proposição inconcebível de se negar porque ninguém é, nesse sentido da palavra, relativista. Os que foram empurrados para a margem não estão pedindo que se abandonem todas as prioridades, mas uma transformação delas. Todas as práticas humanas, desde tomar de assalto a Bastilha a escovar os dentes, funcionam por exclusão, negação e repressão; só que se deveria tentar evitar excluir as coisas erradas e reprimir as pessoas erradas. Argumentar que alguém deveria ler *Dallas* e não *A pequena Dorrit* não representa um nivelamento de valores, mas uma reordenação deles. Alegar que se deveria ler os dois não significa um colapso de valores, mas um tipo diferente de avaliação.

Todavia, uma vez que se descartou a possibilidade de qualquer projeto muito ambicioso, fica fácil considerar irrelevante a questão das prioridades, visto que, se uma mudança substancial não está de forma alguma na ordem do dia, a tarefa de onde começar e como calcular suas energias não vem ao caso. Alguns radicais começam então a sentir-se ligeiramente enjoados da verdade autoevidente de que algumas questões ou artefatos valem mais que outros, e a confundir isso com "elitismo". Trata-se com efeito de um erro de classificação, em que não se distingue posição social de posição teórica ou política, mas duvido que isso bastaria para provocar hesitação em seus expoentes. Passou-lhes despercebido que elites sociais e prioridades políticas não só não são análogas, mas de um ponto de vista radical realmente antitéticas, visto que uma das prioridades da política radical consiste em desafiar o poder das elites sociais. Seu "antielitismo" teria assim sua modesta participação na manutenção dessas elites em atividade. Talvez eles também não tenham percebido que a força mais formidavelmente antielitista das sociedades capitalistas modernas se conhece pelo nome de mercado, que nivela todas as distinções, deturpa todas as gradações e esconde todas as distinções do valor de uso sob a igualdade abstrata do valor de troca. Esses radicais mostrar-se-iam sem dúvida entusiastas da diferença mas não de juízos de valor, o que equivale a dizer que sua atitude em relação à diferença seria perfeitamente indiferente. Contudo, por mais que lutassem feito heróis para não valorizar nenhuma diferença mais que outra, por certo depois de um tempo eles acabariam por descobrir que era a própria diferença que estavam valorizando, e assim transgredindo sua própria regra de abnegação.

Existe aqui outra contradição potencial digna de observação. Alguns pós-modernistas gostam de fazer declarações do tipo "Milton não é melhor que a Supermulher, apenas diferente". E sem dúvida fizeram um trabalho valioso, se me permitem o adjetivo, ao recuperar camadas inteiras de uma cultura antes descartada e demonstrar o quanto tem de arriscado e fortuito o cânon cultural. Mas também é típico de alguns pós-modernistas enfatizar o quanto nossos julgamentos, como tudo o mais acerca de nós, se condicionam pela nossa cultura. Dada uma certa formação estética, não poderíamos evitar de ver Milton como grande arte, da mesma forma como não poderíamos evitar de ver um cachorro como um cachorro ou de associar as cinco letras que formam a palavra "porta" a um pedaço de madeira no meio da parede. Poderíamos fazer aqui uma pausa para observar que os juízos de valor inevitáveis valem muito menos que os evitáveis. Não me causa grande orgulho que você me tenha em alto conceito se sei que você padece de uma incapacidade patológica de dizer qualquer palavra pouco lisonjeira de quem quer que seja. Se o vejo em posição propícia para um julgamento negativo, o fato de você fazer uma apreciação positiva impõe muito mais autoridade. Ocorre, porém, que existe uma tensão entre esse forte determinismo cultural, por um lado, e uma crença na reavaliação de valores, por outro. Isto não precisa ser uma contradição absoluta: talvez minha subcultura tenha me condicionado a ver as histórias em quadrinhos de Mickey Mouse como a melhor opção de leitura, enquanto sua cultura dominante não lhe dá outra alternativa a não ser considerar Milton magnífico. Salvo essas situações, entretanto, um forte culturalismo e uma audaciosa reversão de valores não podem realmente coexistir, visto que a última implica um tipo de voluntarismo que o primeiro nega.

A crença de que os valores se constroem, variam com a história e mostram-se inerentemente passíveis de revisão se torna muito atraente, embora funcione muito melhor com Gorki do que com o genocídio. Ela se vê como uma atitude contrailuminista, o que se revela inegável em determinado aspecto: os valores não são mais universais mas locais, não mais absolutos mas contingentes. Em outro sentido, porém, ela só reedita o pensamento iluminista. Assim como o materialismo iluminista, ela pressupõe uma clara dicotomia entre valor e fato: o mundo em si é tão bruto, inerte, sem sentido, e o valor, uma imposição a ele. Não existem hierarquias significativas *na* realidade, nenhum sentido em que se pode dizer que é *fato* que, digamos, reduzir os outros a objeto de gratificação voyeurística é pior do que cuidar de suas feridas. Segundo Kant, são duas coisas completamente diferentes a esfera do valor e a esfera da natureza; a noção aristotélica de que a última deve guiar a primeira, na opinião de Kant, ofende a dignidade do sujeito autodirecionado e, para o pós-modernismo, representa um mito do objetivismo. É irônico que o ceticismo do pós-modernismo em relação aos valores objetivos viesse a trazê-lo de volta, pelo menos num certo nível, justo para o campo de uma Razão que ele tenta desconstruir.

Podemos passar agora ao essencialismo, um dos crimes mais hediondos no registro do pós-modernismo, uma ofensa quase capital ou o equivalente na teologia cristã aos pecados contra o Espírito Santo. O essencialismo é, na sua forma mais inócua, a doutrina que reza que as coisas se compõem de certas propriedades, e que algumas delas realmente as integram, de tal forma que se se removesse ou transformasse radicalmente essas propriedades, a coisa passaria então a ser outra coisa qualquer, ou coisa nenhuma. Dito dessa forma, a doutrina do essencialismo mostra-se de uma verdade trivial, evidente por si só, e fica difícil entender por que alguém haveria de querer negá-la. Ela não tem, dada a sua condição, implicações políticas muito diretas, boas ou más. Considerando o grande entusiasmo dos pós-modernistas pela particularidade sensível, de certa forma surpreende sua aversão a essa crença na quididade específica de uma coisa. Há uma versão mais inflexível da doutrina, que sustenta que existem propriedades essenciais, ou agrupamentos de propriedades, presentes, necessariamente, só naquelas coisas que têm o nome comum".[2] Com certeza, isto é bem mais difícil de engolir. Alguns filósofos duvidariam da "necessidade" dessas propriedades, ou de que todas elas precisavam estar presentes num objeto de uma certa classe, ou de que elas todas tinham de ser únicas para os objetos daquela classe. Mas não muitos filósofos duvidariam que existem certas propriedades que fazem de uma coisa o que ela é, ou que as coisas que pertencem à mesma classe devem ter *algo* em comum, mesmo que esse algo não passe de uma série de "semelhanças de família".

Acreditar no essencialismo não significa forçosamente alimentar a ideia implausível de que *todas* as propriedades de uma coisa são essenciais a ela. Ter um certo peso revela-se essencial para ser humano, já ter sobrancelhas fartas, não. Tampouco assumir que sempre há lacunas distintas entre duas coisas, que tudo está fechado a sete chaves para o resto em seu espaço ontológico impermeável. Com efeito, você pode concordar com Hegel e outros que a relacionalidade das coisas faz parte da sua essência. Pois uma coisa mostrar certas propriedades essenciais não significa necessariamente que sempre sabemos com precisão onde ela termina e onde começa outro objeto. Um campo, ainda que com fronteiras vagas, permanece sendo um campo, e a indeterminação de seus limites não deixa tudo dentro deles em desordem ontológica. Houve um tempo em que as pessoas não sabiam se Estrasburgo pertencia à França ou à Alemanha, o que não quer dizer que tivessem a mesma dúvida em relação a Berlim. Também não há por que assumir que, para as coisas pertencerem a uma mesma classe, precisem todas apresentar exatamente as mesmas características essenciais, com algumas variações sem importância que fazem delas objetos diferentes. Não chamamos um monte de tipos bastante diferentes de escritos de "crítica literária" porque todos compartilham das mesmas características gerais, e algumas dessas características eles vão compartilhar com escritos que não chamamos de crítica literária. Mas chamar tanto Joseph Addison como William Empsom de críticos literários corresponde a afirmar que eles têm *certas* propriedades em comum, mesmo que no fim descubramos haver-nos equivocado quanto a isso.

Nem se pode afirmar que toda crença no essencialismo obriga a pessoa à visão de que sempre há só *uma* propriedade central que faz de uma coisa o que ela é. O essencialismo não é necessariamente uma forma de reducionismo. Ele não implica em acreditar que inexiste qualquer dúvida sobre o que é e o que não é essencial para algo. Ao contrário, isso pode gerar um debate sem fim. Algumas pessoas sustentam que a monarquia é essencial para a Grã-Bretanha ser o que é, enquanto outras se dão ao trabalho de pôr em dúvida essa fantasia. Todos os tipos de casos liminares são possíveis, tais como se perguntar se uma bicicleta sem rodas, assento ou guidom continua sendo uma bicicleta, ou se um barco que você reconstruiu tábua por tábua durante um período de tempo continua sendo o barco original. O que é e não é essencial para a condição humana pode importar para as discussões sobre aborto ou, no caso, para o imperialismo: talvez você se sentisse mais feliz por massacrar os povos nativos se achasse que lhes faltava alguma propriedade ou propriedades que você julgasse determinantes para a condição humana. Se existe mesmo essa tal de natureza humana, podemos muito bem nunca vir a concordar quanto àquilo em que em essência ela consiste, como nos intima o registro filosófico até então.

Afirmei antes que transformar ou remover alguma propriedade essencial de uma coisa significa mudar sua natureza, mas alguém poderia pensar que existem ressalvas quando se trata do fenômeno social. É difícil ver como uma água não molhada permaneceria sendo água, mas sempre podemos argumentar que o que se considera essencial nos seres humanos e em suas instituições varia historicamente. Algumas culturas acreditaram que fazia parte da essência feminina ser subjugada, enquanto outras não, pelo menos não oficialmente. Você podia ter, em outras palavras, um tipo de essencialismo historicamente relativizado, acreditando, por exemplo, que ser corajoso fazia necessariamente parte de ser um guerreiro nas sagas antigas, ao passo que ser corajoso não faz necessariamente parte do que representa ser um soldado hoje. Um oficial covarde ainda é para nós um oficial, pelo menos até sua destituição, ao passo que um líder covarde, para certas sociedades pré-modernas, não seria líder coisa nenhuma. Para eles, certas virtudes eram essenciais para desempenhar determinados papéis sociais, o que nem sempre é verdade para nós nos dias atuais.

Deveríamos, no entanto, tomar cuidado para não levar esse relativismo longe demais. Aquelas culturas que afirmaram que as mulheres, pela sua condição natural, possuem características que as tornam passíveis de opressão estão erradas. Se elas estão erradas porque as mulheres, na verdade, não possuem uma natureza determinada, seja ela passível ou não de opressão, ou porque as mulheres têm o direito de não sofrer opressão como consequência de serem humanas, é tema de controvérsia entre os pós-modernistas e alguns de seus críticos. Dizer que as mulheres nunca deveriam sofrer opressão onde quer que fosse só por conta de sua humanidade comum soa como uma crítica mais convincente do patriarcado que dizer que, para começar, elas não têm humanidade em comum, mas muitos pós-modernistas temem que se teria de pagar por essa pronunciada defesa ética essencializando as mulheres à maneira de alguns de seus subjugadores. Digo *alguns* de seus subjugadores, visto, é claro, que os opressores também não precisam ser essencialistas. É perfeitamente possível, pelo menos em teoria, que se tratem de autênticos culturalistas, que defendem seu comportamento predatório com meros argumentos convencionalistas. Com efeito, é mais provável que isso seja verdade em relação a alguns executivos calculistas de hoje do que teria sido em relação ao cardeal Wolsey. Os antigos sofistas gregos eram convencionalistas, mas não se distinguiam por suas tentativas de emancipar escravos gregos. De fato, se todas as convenções culturais são igualmente arbitrárias, por que você não se compromete, a exemplo dos sofistas, com o círculo a que você pertence, mesmo que aconteça de ele incluir o sexismo?

O essencialismo, portanto, não é necessariamente uma característica da direita política, ou o antiessencialismo um traço indispensável da esquerda. Karl Marx era um essencialista,[3] enquanto Jeremy Bentham, pai do utilitarismo burguês, um zeloso antiessencialista. John Locke, pai do liberalismo inglês e investidor no comércio de escravos, acreditava que algumas essências eram reais, mas outras meramente "nominais". Como escreveu Denys Turner:

> Nenhum atributo ... é [para Locke] nem um pouco mais essencialmente parte integrante da realidade que outro qualquer. Disso decorre que também não há razão por que não deveríamos reputar essencial qualquer atributo específico que escolhêssemos ... se nenhuma característica define em essência a pessoa humana, então não há por que achar que a cor da pele o faz. Da mesma forma, e essa é a permissão concedida aos racistas, se qualquer característica pudesse muito bem ser uma característica essencial da pessoa humana, não há por que excluir disso a cor da pele. De um modo geral, se toda diferença na realidade é igualmente uma questão de indiferença no que diz respeito à moral, nunca é possível provar por que eu não deveria considerar qualquer diferença que eu escolher como fazendo, em termos morais, *toda* a diferença.[4]

Como o pós-modernismo, Locke recusa as essências humanas e acredita que o que importa acerca dos seres humanos é só uma questão do que concebemos como importante. Ocorre que os pós-modernos são antiessencialistas antirracistas, enquanto ele é um antiessencialista racista. Nenhuma das partes pode acusar a outra de estar errada. A questão essencialista radical (ou realista moral) contra eles dois reside na comprovação de que a cor da pele não é determinante dos seres humanos, uma vez que os negros não pertencem a uma espécie diferente da dos brancos. A morte é essencial para os seres humanos, mas pintas na pele não. A cultura em que você vive não é definitiva de sua humanidade, uma vez que seres de diferentes culturas não são criaturas de diferentes espécies. Ser *algum* tipo de ser cultural é com efeito essencial para nossa humanidade, mas não é essencial ser algum tipo específico. Não existem seres humanos não culturais, não porque cultura é tudo para os seres humanos, mas porque a cultura faz parte de sua natureza. A natureza humana é sempre encarnada em algum modo cultural específico, assim como todas as linguagens são específicas. Certo tipo de humanista liberal negligencia justo isso ao imaginar que existe uma essência central de valores imutáveis por baixo da insignificância relativa de nossas diferenças culturais. O culturalista, ao contrário, equivoca-se ao pensar que, por serem todas as linguagens específicas, não se pode de modo algum falar delas como *linguagens*. Isto dificulta nossa visão *do que* se propõe aqui como culturalmente específico. Se afirmar que todas as linguagens são específicas significa que não há essa coisa genérica chamada linguagem, como conseguimos identificar que a atividade cuja especificidade reclamamos é mesmo a linguagem, e não, digamos, jogar peteca ou assoar o nariz? O culturalismo pós-moderno representa uma forma de nominalismo filosófico, que ensina que categorias gerais são irreais, e por isso tem muito em comum com o empirismo de Locke que ele se propõe a escarnecer. O fato de que os pós-modernistas aprenderam a ser de vez em quando bons antiempiristas só significa que eles exibem um preconceito contra o que o resto de nós chama de fatos. "Positivismo" e "empirismo", duas correntes filosóficas bem diferentes, podem então se alternar para reprovar todo aquele que menciona que o aniversário de Shakespeare caía em abril.

Pode-se argumentar a favor do essencialismo de uma forma negativa. Palavras como "feminismo" e "socialismo" são categorias incômodas, híbridas, que cobrem um campo complexo de crenças e atividades e acomodam uma imensa quantidade de desentendimento. Não há possibilidade de elas serem mais fortemente limitadas ou impérvias que o resto de nossa linguagem. Justamente por ser a linguagem material tosca e não glacialmente polida ela funciona tão bem. Uma linguagem "perfeita" não teria qualquer serventia para a vida social. Hoje em dia podemos encontrar pessoas que rejeitam a teoria do valor do trabalho, a ideia da falsa consciência, o modelo de base e superestrutura, a noção de revolução política, os princípios do materialismo dialético, a doutrina do conflito entre as forças e as relações de produção, a lei da queda da taxa dos lucros e o projeto de abolir relações de mercado e produção de mercadorias. E essas pessoas ainda insistem em se intitular marxistas. Existiram há cerca de um século marxistas neokantistas que desconfiavam que o socialismo, apesar de inevitável, de modo algum apetecia. Se, contudo, eles tivessem clamado ao mesmo tempo por um retorno imediato ao feudalismo, teria sido bem menos embaraçoso intitularem-se de outra coisa qualquer. Também é possível topar com cristãos devotos que não acreditam em Deus. Isso não quer então dizer que termos como "marxismo" e "cristão" podem significar qualquer coisa? Claro que não: todo termo que tentasse cobrir tudo acabaria sem nenhuma significação específica, uma vez que os signos funcionam em virtude de suas diferenças. É por isso que nem tudo pode ser material, ou político, ou ideológico, como parecem achar alguns radicais incautos. Se encontrássemos alguém que se dissesse feminista ao mesmo tempo que obrigava quantas mulheres pudesse a trabalhar em excesso em troca de um salário de fome, concluiríamos que de feminista ele não tinha nada, embora assim pensasse. Não acreditaríamos nele, por mais que proclamasse com impostura a validade de sua experiência. Alguém que confessasse sua paixão por salsichas mas quase nunca as comesse ou, quando o fizesse, não conseguisse esconder todos os sinais de grande repugnância, só poderia ser louco, mentiroso, profundamente iludido ou apenas incompetente no uso da expressão "paixão por". Para que termos como "feminista" e "socialista" conservem sua força, precisa haver algo com que eles se incompatibilizem. Precisa haver alguma coisa, não necessariamente uma coisa, que pelo menos por ora se considere feminista em vez de não feminista; e as versões mais brandas do tão difamado conceito de essencialismo estão tentando conseguir justamente isso. O pós-modernismo se opõe ao essencialismo; mas também se opõe às metanarrativas, à Razão universal e às culturas não pluralistas, e essas visões possivelmente lhe são essenciais.

Apesar de tudo isso, o antiessencialismo pós-modernista decerto merece crédito. Existem, com efeito, empregos redutivos, falsamente eternizantes, brutalmente homogeneizantes do conceito de essência, e eles causaram especial estrago nos campos da etnicidade e do gênero. O essencialismo significa aí algo como "reificar para uma natureza ou tipo imutável", e constituiu uma arma poderosa no arsenal dos patriarcas, dos racistas e dos imperialistas, ainda que também algumas feministas e ativistas étnicos a tenham brandido. Mas, se descartássemos todo conceito aplicável para fins radicais por também poder voltar-se contra eles, o radicalismo apresentaria um discurso deveras batido. Os radicais, por exemplo, não deixariam de ser tradicionalistas só porque "tradição" para certas pessoas significa a Troca da Guarda

Real em vez das sufragistas. Em todo caso, embora a imutabilidade de um "mau" essencialismo pode mostrar-se politicamente temerária nesses campos específicos, não há por que assumir de maneira dogmática que a ideia de imutabilidade sempre o é. Seria de se esperar que a emancipação política se revelasse imutável, no sentido de nunca poder reverter-se. De todo modo, segundo a compreensão clássica de essência, a mudança faz parte de sua essência. Não reagimos com gritos de alarme nem de espanto quando um filhote de gato se torna adulto; isso faz parte de sua natureza. Não podemos alijar o essencialismo porque precisamos saber, entre outras coisas, que necessidades são essenciais para a humanidade e quais não são. Necessidades essenciais para nossa sobrevivência e bem-estar, como alimentar-nos, aquecer-nos, desfrutar a companhia dos outros e um mínimo de integridade física, podem então tornar-se um critério político: podemos desafiar qualquer ordem social que negue essas necessidades com a justificativa de ela estar negando nossa humanidade, e esse argumento contra ela costuma ser mais forte que o fato de ela escarnecer de nossas convenções culturais. Se o essencialismo mostra-se importante na política, isto se dá, no final das contas, porque os radicais confrontam um sistema munido de um poder formidável e, portanto, necessitam reunir os argumentos mais convincentes possíveis. Se se podem utilizar os argumentos de uma natureza humana comum para defender o *status quo*, esses argumentos também podem, pelo menos em princípio, ter um impacto crítico mais intenso sobre ele do que a linguagem do culturalismo.

Já afirmei que o tipo de teleologia que os pós-modernistas costumam admoestar mais é uma espécie de alvo imaginário. Quase ninguém acredita que a história vai deslizando tranquilamente para um objetivo predeterminado. Mas todo mundo acredita em propósitos e intenções históricos, de projetos definidos e direcionados por seus fins específicos. E a maioria das pessoas, salvo uns poucos pós-estruturalistas assaz bizarros, aceitam a noção de condições necessárias: a proposição banal de que há momentos em que, para chegar a *Y*, você precisa antes ter alcançado *X*. Se isso representa uma verdade óbvia para os indivíduos, o mesmo se aplica à história em geral. E, nesse sentido, pelo menos nesse sentido ínfimo, a história é uma questão de necessidade e não um "vale-tudo". Não se trata, sem dúvida, de uma necessidade *intrínseca*; trata-se, antes, da maneira pela qual nossas ações espontâneas vão o tempo todo tecendo à surdina uma rede fechada de determinações em que nos vemos enfim emaranhados, descobrindo, para nossa surpresa, que conseguimos reduzir aquilo que a princípio parecia um horizonte infinito de possibilidades a algumas parcas opções. Com efeito, estamos o tempo todo perdendo nossas opções históricas pelo simples fato de abrirmos novas. O que parece o efeito de uma vontade histórica malévola na ficção de Thomas Hardy com muita frequência acaba se revelando apenas um tipo de processo irônico, pelo qual nossa conduta razoavelmente espontânea no passado nos faz confrontar-nos no presente com toda obtusidade enigmática de algum destino metafísico.

Não existe, portanto, a possibilidade de uma escolha simplória entre a história como formato de história e a história como um grande caos, do tipo que alguns pós-modernistas nos impingiriam. Se as narrativas são o que vivemos e relatamos, não há então como ver a história material como um texto de todo insolúvel, à espera dos arranjos artificiosos do relato selecionado ao acaso por algum teórico. Essa é a visão privilegiada daqueles sortudos o bastante para desconhecer que os projetos históricos às vezes têm metas muitíssimo determinadas segundo a perspectiva de suas vítimas. O fato de que não existe nenhum "vale-tudo" para essas vítimas costuma ser um caso para lamentar. Negar que a história é "racional" no sentido otimista e hegeliano da palavra não significa necessariamente negar que ela chega a nós em uma forma inflexivelmente específica. Com efeito, Marx via a história ao mesmo tempo determinada e *ir*racional, e o socialismo pretende torná-la bem menos as duas coisas. A indeterminação histórica, no sentido de uma sociedade mais à vontade e desimpedida, menos submissa a categorias abstratas ou a forças que perturbam como uma catástrofe natural, representa para o socialismo um objetivo ainda por atingir, e que equivaleria a sair de baixo da determinação sombria do passado. Uma história mais sujeita ao controle racional nos assomaria bem menos como algum destino implacável, motivo pelo qual, com o perdão dos pós-modernistas, a racionalidade e a liberdade caminham juntas. Para o pós-modernismo, essas coisas costumam se encontrar enfileiradas em lados opostos das barricadas teóricas, enquanto uma Razão imperiosa ameaça repelir nossos desejos transgressores. Nesse sentido, como vimos, o conceito pós-moderno de liberdade tem dificuldade de avançar para muito além do conceito liberal negativo ou ultrapassado, e às vezes até foge dele. Mas não pode haver uma liberdade efetiva sem coerções, visto que não há terreno seguro para realizá-la. Ocorre apenas que a liberdade entendida como autodeterminação coletiva também diminuiria os tipos de repressão que os homens e mulheres experimentam hoje como uma espécie de segunda natureza, e que os fazem confrontar com a autoridade sublime de algum Presidente dos Imortais à moda de Hardy. E se supunha que era o marxismo que advogava uma Dialética da História mitológica e autopropulsora totalmente independente da vontade humana!

Se a história é fundamentalmente aleatória, no sentido, por exemplo, de que não há relações causais significativas entre uma parte dela e outra, fica difícil saber como se poderia evitar, digamos, o stalinismo. Essa pode não ser a questão política mais urgente para nós neste momento, uma vez que as sociedades (pós-)stalinistas acabaram de entrar em colapso; mas pode servir de exemplo de uma variante boa e não ruim de pensamento teleológico. As sociedades pós-capitalistas autoritaristas constituem, entre outras coisas, o resultado de tentar construir o socialismo nas condições mais impróprias, sem a ajuda de forças produtivas desenvolvidas, de aliados abastados, de vizinhos não hostis, de camponeses cooperativos, de uma tradição liberal-democrática vigorosa, de uma sociedade civil funcionando bem, de uma classe trabalhadora razoavelmente bem preparada e afins. Temos aqui as condições necessárias, se não suficientes, para a construção do socialismo: existe uma diferença importante entre alegar que o socialismo de certa forma representa a continuação automática do capitalismo, que sem dúvida seria uma peça refinada de teleologia, e argumentar que um capitalismo desenvolvido oferece algumas das condições necessárias para a construção do socialismo. Embarcar nessa empresa sem elas significaria correr o risco de acabar em um Estado autocrático que, na ausência de uma herança industrial de classe média, tivesse de forçar o desenvolvimento da própria indústria. Recomenda-se àqueles que consideram isso tudo "teleologia" no sentido pejorativo, com sua perspectiva ignorantemente "linear"[5] e fé na casualidade "metafísica", que deixem de lado essa atitude de descrença nas condições necessárias quando tiverem de atravessar uma rua movimentada.

Os relatos teleológicos mais antigos de todos tendem a vir em três. Primeiro temos uma idade de ouro da comunidade "primitiva", ditosa mas um pouco entediante; depois uma Queda desse estado para um individualismo inspirador mas desintegrador e, por fim, uma síntese feliz das duas. Quase ninguém acredita que é assim que a história tem sido ou virá a ser, mas vale a pena mencionar algumas das razões por que isso parece tão implausível. Primeiro, porque sabemos que nunca houve uma época de ouro. Mas, ainda assim, é verdade que as sociedades "tradicionais" ou pré-modernas têm muitíssimos méritos que faltam às nossas organizações, e em alguns casos têm esses méritos só porque elas não têm o que temos. No geral, possuem uma noção mais rica de lugar, comunidade e tradição, menos anomia, menos competição desumana e ambição torturante, menos racionalidade cruelmente instrumental e assim por diante. Por outro lado, e pelas mesmíssimas razões, se veem com frequência desesperadamente empobrecidas, culturalmente claustrofóbicas, socialmente ultraconservadoras e patriarcais, e sem muito conhecimento do indivíduo autônomo. É justo esse o conceito da modernidade de desenvolvimento individual livre, com toda a riqueza espiritual que ele traz consigo; ela também começa a criar noções de igualdade humana e de direitos universais desconhecidas para a grande maioria de seus antepassados. Mas também sabemos que estamos diante da face mais civilizada de uma ordem que prima por um descuido bárbaro, que rompe todas as relações relevantes entre seus membros, os priva de recursos simbólicos preciosos e os induz a confundir os meios de vida pelos seus fins. Também sabemos que as duas formas de vida social infelizmente têm muito em comum: trabalho árduo, opressão e exploração, lutas ferozes de poder, mitologias letais, violência militar e outras coisas mais. Nesse sentido, nem a nostalgia romântica nem o triunfalismo modernista oferecem o menor atrativo. Mas também não o fazem o anticapitalismo romântico ou o desprezo modernista pela tradição.

Com certeza, é em busca disso que a narrativa utópica da condição que combinasse o melhor de ambos os mundos vem tateando. Pode não se tratar de um futuro exequível, mas pelo menos apresenta uma advertência salutar contra o desespero e a presunção, contra a reação obtusa e o progressivismo imaturo. Sonhar em combinar o melhor dos dois mundos também significa recusar o pior de ambos. Os modernistas não simpatizam muito com essa ideia, e há que se perguntar por que não. Estão eles dizendo que não se sentem atraídos pela ideia de uma sociedade que conseguiu de certo modo reinventar um pouco da reciprocidade humana no nível de poderes individuais desenvolvidos, ou só que a reputam risivelmente abstrata, historicamente impossível e portanto indigna de se levar em conta? Se vale a segunda hipótese, eles talvez tenham razão; mas, se vale a primeira, somos tentados a perguntar por que eles acham essa perspectiva tão pouco animadora. Pois, em minha opinião, fica difícil imaginar uma condição humana mais desejável, independentemente de ela poder um dia realizar-se. Trata-se, mais ou menos, do que Marx tinha em mente com o comunismo, em que o indivíduo viveria enfim em plenitude. Não existe teleologia uma vez que esse estado de coisas até agora está presente de maneira imprecisa no fim da história, esperando pacientemente que o alcancemos. Mas, apesar de tudo, não seria um tipo ruim de teleologia para se lembrar, como uma ficção heurística ou uma "ideia" kantiana, em meio à nossa atuação política, uma vez que evitamos a prosápia e a falsa utopia de tentar direcionar nossas ações para ela.

A teleologia em geral envolve a admissão de que há algum potencial no presente que poderia resultar num tipo específico de futuro. O que não quer dizer, entretanto, que esse potencial se esconde dentro do presente como as pétalas dentro do rebento. Estou no presente uma vez que tenho potencial para viajar para Glasgow agora mesmo, e isto não representa um tipo de estrutura secreta do meu ser. A teleologia aqui é apenas um meio de descrever onde estou à luz de onde eu teria condições de chegar. Ela mostra como um futuro que transcende o presente é também uma função dele, embora não no sentido fatalista. Tenho um passagem de trem para Glasgow, algo produzido nesse país que poderia em princípio me tirar dele, mas nenhuma certeza de que vou usá-lo. Isto nos conduz, afinal, para uma noção diferente da teleologia, sobre a qual só podemos falar brevemente. Trata-se de um sentido que diz mais respeito ao individual que ao histórico, e que vamos encontrar na discussão de Aristóteles sobre a vida boa. A ética de Aristóteles não é do tipo moderno, concentrada ao estilo kantiano nos conceitos de dever, do sujeito moral solitário e da correção ou incorreção de suas ações isoláveis. Ela enfoca mais a ideia de virtude, o que equivale a dizer a forma, substância e qualidade de uma vida inteira em seu contexto social prático. A virtude é uma questão da realização gratificante, plena das forças humanas da pessoa, ao mesmo tempo uma prática e um objeto de prática. A condição humana representa um conjunto de técnicas, algo em que você deve ser bom como em tolerar chatos ou tocar gaita, e você não pode fazê-lo por conta própria tanto quanto não se pode executar uma cirurgia séria apenas por instinto. Estas são ideias teleológicas uma vez que envolvem a trajetória de uma vida inteira no seu devido desenrolar; embora o pós-modernismo, como David Hume, duvida que existe tanta continuidade assim nos egos humanos. O que quer que se pense disso, essas são noções assaz sugestivas que a moralidade anêmica da modernidade desastrosamente deixou para trás com seus fetiches de dever, imperativos, proibições, a supressão do prazer e afins. Isto não vem sugerir que essas ideias não têm vez no discurso moral (muitas proibições são progressivas), apenas que as poucas incursões que o pós-modernismo fez até agora no campo da ética infelizmente basearam-se nessa terminologia kantiana. Assim como alguns marxistas mecanicistas da Segunda Internacional se voltaram incongruentemente para Kant em busca de seus valores morais porque estava se provando impossível gerar esses valores fora de seus pontos de vista positivistas da história, o pós-modernismo, que tem sua própria versão de positivismo, pelo menos no seu receio da profundidade metafísica, também parece ter resolvido repetir o gesto. E também nesse sentido ele é um filho da modernidade que ele se arroga ter suplantado.

A rejeição das assim chamadas metanarrativas é característica da filosofia pós-moderna, mas as opções que ela oferece aqui são às vezes um tanto limitadas. Ou você se entusiasma com uma metanarrativa específica, como a história do avanço tecnológico ou a marcha da Mente, ou você acha essas fábulas opressivas e se volta então para uma pluralidade de relatos. Mas já vimos que essas não são as únicas opções disponíveis, como de fato os pós-modernistas mais inteligentes reconhecem. O socialismo é fiel a um tipo de metanarrativa, que não é de forma alguma o tipo de história que se contaria para fazer dormir uma criança dada a pesadelos. Ela tem seus aspectos otimistas, mas de resto trata-se de uma história de terror. O quanto antes terminar, melhor; ocorre apenas que proclamá-la exaustivamente, como os pós-modernistas tendem a fazer, pode ajudar a perpetuá-la.

A outra escolha enganadora oferecida por parte do (embora não todo) pós-modernismo é imaginar que ou existe uma única metanarrativa ou uma multiplicidade de micronarrativas. O mesmo se aplica ao conceito pós-moderno de fundamentos: ou existe um ou nenhum.[6] Esse tudo-ou-nada mal se adapta a uma teoria supostamente não binária. Que aconteceria se existisse uma pluralidade de metanarrativas? Existem basicamente dois tipos de atividade que movem a espécie humana, um tem a ver com a reprodução material e outro com a reprodução sexual. Sem essas duas histórias, a história humana teria parado e nada haveria a que o pós-modernismo pudesse suceder. E ambas essas histórias foram crônicas de um conflito sem fim. Chamá-las de "metanarrativas" não significa sugerir que cada uma delas abrange tudo que já aconteceu (como poderia cada uma delas, se são duas?), ou que um fio ininterrupto de continuidade atravessa as duas, ou que elas são em todos os aspectos os relatos mais valiosos ou interessantes que se podem contar. Interessante em que sentido? Elas podem ser o que move a espécie, mas são também anedotas um tanto sórdidas, e quanto a valor logo pensaríamos em cultura, que no seu sentido mais estreito não é de modo algum crucial para a sobrevivência da espécie. Sem dúvida, não haveria cultura alguma sem essas duas crônicas maiores, mas isso as torna mais fundamentais que a cultura só no sentido de que o fato de Dickens possuir uma caneta foi fundamental para *A pequena Dorrit*. Essas grandes narrativas em questão são significativas por duas razões: primeira, porque são a causa tanto hoje como no passado de uma boa quantidade de miséria precisando de conserto e, segunda, porque, se não o fizermos, elas vão continuar exigindo enormes investimentos de energia e assim afastar-nos dos prazeres de falar sobre algo mais interessante, para variar. Essas histórias ganham muito vulto nas nossas vidas, precisamente porque se mostraram tão problemáticas, e acabam também pesando muito nas micronarrativas, virando-as do avesso e deixando sua triste marca nelas. Se alguém estivesse querendo uma nova compreensão do modelo marxista de base e superestrutura, talvez pudesse encontrá-la aqui.

Essas não são metanarrativas no sentido de se tratarem de histórias das quais todas as outras são mera função. O marxismo não se interessa em falar das virtudes da cozinha islandesa em comparação com a búlgara. Por que haveria de se interessar? Não se trata de uma filosofia cósmica nos moldes da rosa-cruz. Ele também demonstrou pouco interesse em falar do feminismo, em parte porque teve muito de patriarcal, mas também porque se trata de uma narrativa restrita que nunca se pretendeu uma Teoria de Tudo. Não é culpa da teoria feminista que ela tenha dado poucas contribuições significativas para o pensamento marxista: por que deveria fazê-lo? Existe uma diferença entre uma teoria a partir da qual supõe-se que tudo o mais possa ser deduzido, como ocorre nas formas mais megalomaníacas do alto racionalismo, e uma narrativa que é "grande" no sentido de proporcionar a matriz pela qual muitas, mas não todas, de nossas outras práticas podem se moldar. E existem, sem dúvida, outras grandes narrativas além dessas que mencionei, tais como o relato global do imperialismo e do colonialismo. Ao negar que isto constitui uma metanarrativa, se deveria cuidar de ver se não estão sutilmente tentando botar panos quentes. É curioso que tanta teoria pós-colonial quisesse negar a natureza sistemática, histórico-mundial da história imperial que ela examina, tanto suas repetições como suas diferenças, deixando-a assim em certo sentido livre de problemas. Mas nenhuma dessas fábulas é "grande" porque opera por uma lógica única, nem um pouco mais que *Middlemarch*.

O pós-modernismo, do jeito que se apega ao particular, relutaria em aceitar que existem proposições que se aplicam a todos os tempos e lugares, e nem por isso podemos dizê-las vazias ou triviais. A afirmação "Em todos os tempos e lugares, a maioria das pessoas levaram vidas de trabalho um tanto fútil, em geral para o lucro de poucos" parece uma delas. "As mulheres sempre sofreram opressão", outra. "Narrativizar" essas proposições serve para torná-las menos familiares — para fazer com que recuperemos algo de nosso assombro ingênuo diante daquilo com que já nos acostumamos a aceitar como normal. Há um ponto em que esquecemos ou negamos o que é mais comum justamente por ele *ser* tão comum, como no consagrado exemplo de Roland Barthes sobre os nomes de países que aparecem no mapa em letras tão grandes que acabam invisíveis. Nesse sentido, as grandes narrativas se assemelham de certa forma às condições transcendentais, tão dentro dos padrões de nossa percepção que fica difícil olhá-las de frente.

Da mesma forma, também fica difícil para nós resgatar a excitação quimérica que deve ter tomado conta do mundo com o conceito de universalidade. O que poderia ter soado mais escandaloso para uma cultura assaz impregnada de particularismo, em que o que você é está relacionado com sua região, com sua função, com sua situação social, que a noção extravagante de que todo mundo merece respeito independentemente desses fatores? Essa doutrina estranha e inédita sem dúvida foi lançada na órbita filosófica a partir de uma posição muitíssimo peculiar, a de um braço da burguesia europeia, mas isso se dá com todas as doutrinas, universais ou não. A veracidade ou falsidade das ideias de Jean Baudrillard não se determina pelo fato de ele ser um francês morando na Califórnia, ainda que essas circunstâncias tenham relevância na sua formação. Circulava por toda parte a tese nova e exótica de que você fazia jus à liberdade, à autonomia, à justiça, à felicidade, à igualdade política e congêneres, não porque você descendia de um conde prussiano menor, mas simplesmente por causa de sua humanidade. Agora tínhamos direitos, obrigações e responsabilidades que colocavam entre parênteses todas as nossas características mais pessoais. O pós-modernismo costuma ser alérgico a qualquer desconsideração desse tipo com o particular, e essa abstração feroz o desconsiderava com extrema veemência. Também se tratou de uma das maiores ideias emancipatórias da história mundial, que o pós-modernismo acabou por aceitar como tão natural, que ele parece só identificá-la por seus pontos cegos. Na prática, não se confirmava que a todo mundo — às mulheres, por exemplo, aos povos não europeus ou aos trabalhadores rurais — cabia igual respeito. Mas, em teoria, a liberdade de todos importava, e o "em teoria" representa um avanço de peso comparado ao não importar nem em teoria. Trata-se de um avanço sobretudo porque a sociedade de classe média agora podia ser desafiada pelos alijados *segundo a lógica dela*, pega em contradição entre o que dizia e o que fazia. E isso é uma forma bem mais aguda de crítica que medir a ordem social segundo valores cuja validade ela nem sequer reconheceria.

Esse grande conceito revolucionário sem dúvida mostrava-se de todo essencialista. Agora podíamos fazer nossas reivindicações éticas e políticas em virtude de nossa natureza humana comum, e não mais por conta de razões paroquiais, paternalistas ou meramente culturais. Essas questões eram demasiado importantes para que as deixássemos à mercê do costume ou da tradição, ao capricho de seus chefes ou dos códigos tácitos de sua comunidade. O respeito que você recebia por acaso, você poderia perdê-lo sem mais nem menos, e isto constituía uma base frágil demais para uma ética. A justiça precisava ser imparcial; os *anciens régimes* foram os maiores apologistas da diferença, uma vez que a maneira como se era tratado dependia da posição que se ocupava. Agora, via-se a diferença como reacionária e a igualdade ou identidade como revolucionária. Se você quisesse rejeitar o elitismo ou a autocracia por algo mais forte que argumentos pragmáticos, você teria de se tornar universalista. O pós-modernismo, que tende tanto para o antielitismo como para o antiuniversalismo,[7] vive assim uma certa tensão entre seus valores políticos e filosóficos. Ele procura resolver isso ignorando o universalismo e voltando para um tipo de particularismo pré-moderno, mas agora para um particularismo sem privilégio, o que equivale a dizer para uma diferença sem hierarquia. Seu problema reside em como uma diferença sem hierarquia pode não acabar em pura *in*diferença, tornando-se assim a imagem invertida do universalismo que ele repudia.

A universalidade também deve aplicar-se à ética. Um tipo de cético pós-moderno da universalidade acredita, ao estilo culturalista, que os valores morais só fazem parte das nossas tradições locais contingentes e não possuem mais força que isso. Um exemplo egrégio desse caso é o filósofo americano Richard Rorty, que, num ensaio intitulado "Solidariedade", argumenta que aqueles que ajudaram os judeus na última guerra mundial provavelmente o fizeram menos porque os viram como seres humanos seus pares, mas porque pertenciam à mesma cidade, profissão ou outro agrupamento social que eles mesmos. E ele vai mais adiante para perguntar-se por que os liberais americanos modernos deveriam ajudar os negros americanos oprimidos. "Nós dizemos que essas pessoas precisam ser ajudadas porque são nossos companheiros seres humanos? Podemos, porém é muito mais convincente, tanto em termos morais como políticos, descrevê-los como nossos companheiros *americanos* — insistir que é ultrajante que um *americano* viva sem esperança."[8] A moralidade, em resumo, não passa de uma espécie de patriotismo.

O exemplo de Rorty, entretanto, ainda me soa muito universalista. Existe, afinal de contas, um número imenso de americanos, de várias formas e tamanhos, e há decerto algo um pouco abstrato em basear a própria compaixão em argumentos exageradamente genéricos. É quase como se "América" funcionasse aqui como algum tipo de metalinguagem ou essência metafísica, levando à unidade uma enorme variedade de credos, estilos de vida, agrupamentos étnicos e assim por diante. Não seria preferível que um autêntico crítico da universalidade baseasse seu sentimento de companheirismo em algum bairrismo genuíno, digamos o quarteirão? Pensando melhor, todavia, isso ainda está um pouco homogeneizante, visto que seu quarteirão sem dúvida contém um bom número de tipos diferentes de pessoas; mas por certo se trataria de uma base mais viável para a justiça social que alguma abstração universal do tipo da América. Deveríamos demonstrar compaixão pelos moradores do apartamento ao lado, por exemplo, enquanto a recusávamos aos que moram do outro lado da rua. Pessoalmente, eu só demonstro complacência pelos colegas graduados da Universidade de Cambridge. É verdade que essas credenciais nem sempre são fáceis de se estabelecer: já aconteceu de eu atirar uma moeda para um vagabundo que reconheci como membro da turma de 1964, só para depois retirá-la furtivamente quando descobri meu engano. Mas as alternativas para essa estratégia se mostram um tanto funestas. Uma vez que começamos a estender nossa compaixão para os graduados de Oxford também, parece não haver motivo para não fazê-lo igualmente em relação a Sheffield, Warwick e o Lower Bumpstead College of Agricultural Science, e quando menos esperarmos estaremos na posição escorregadia do universalismo, do fundamentalismo, de Jürgen Habermas e etc.

Por acaso ainda não renunciei à Campanha de Desarmamento Nuclear, só ajustei minhas razões para aderir a ela. Agora me oponho à guerra nuclear não porque ela viria a destruir uma determinada abstração metafísica conhecida como raça humana, mas porque ela acarretaria certo desconforto nas vidas de meus vizinhos de Oxford. A vantagem desse ajuste reside no fato de que a minha participação na campanha não tem mais aquele caráter insensível e cerebral de antes, e sim um caráter pragmático, empírico, que eu sentiria correr nas minhas veias. Se meu pessoal de Oxford sobrevivesse a uma catástrofe nuclear, eu não daria a mínima para a Universidade de Virgínia.

Rorty, de modo muito louvável, parece realmente acreditar que livrar-se de abstrações sem sentido do tipo "humanidade universal" de fato contribuiria para uma maior eficiência em termos morais e políticos. Ele não se opõe a elas tanto por se mostrarem falsas, o tipo de julgamento que a princípio ele não aprecia fazer, quanto porque elas representam distrações das tarefas em andamento. Ele precisaria, entretanto, encontrar justificativa para distanciar-se do tipo de antiuniversalista que acreditava que o assassinato era errado para todos exceto para os aristocratas que estavam acima da lei, para os selvagens ignorantes que não sabiam que estavam incorrendo em erro ou para aqueles cujas tradições consagradas o sancionavam. Era esse tipo de privilégio que o iluminismo tentava combater, e trata-se sem dúvida de um caso de intensa força intuitiva. Em teoria, se não sempre na prática, ele lhe provia de uma poderosa reação enérgica àqueles colonialistas de mentalidade paternalista, que achavam que os nativos não eram aptos para a virtude moral ou simplesmente tinham concepções dela que não combinavam com as suas. A ideia de emancipação humana faz parte do legado do iluminismo, e portanto aqueles radicais pós-modernistas que a mobilizam estão inevitavelmente em débito com seus antagonistas. De modo similar, o próprio iluminismo herdou conceitos de igualdade e justiça universal da tradição judaico-cristã, que ele com frequência ridicularizava. Universalidade significa tão só que, no que diz respeito à liberdade, à justiça e à felicidade, todo mundo merece entrar na dança.

Mas na dança de quem? Na dos homens brancos ocidentais que acreditam que sua versão idiossincrática da humanidade deve aplicar-se a todas as pessoas? Com certeza, foi assim que se começou a alardear a ideia de universalidade, e nesse sentido não se pode negar que a objeção pós-modernista a ela procede. Ocorre apenas que os pós-modernistas se mostram deveras impluralistas ao imaginarem que isso representa *tudo* que universalidade pode significar. Os pós-modernistas temem que esse universalismo vá tratar a pontapés a diferença cultural, e há muita evidência de que eles não se enganam quanto a isso. Mas universalidade e diferença não colidem necessariamente. Tomemos, por exemplo, o conceito de igualdade humana. Você pode interpretá-lo como todas as pessoas dotadas de qualidades idênticas, o que não passa de uma grande bobagem: existem pessoas melhores ou piores que as outras em determinados aspectos. Ou você pode entendê-lo, como o fazem os liberais, como todo mundo tendo igual oportunidade de se tornar desigual. Isto não consegue captar nossa forte intuição de que a igualdade humana vai mais longe que isso, que tem a ver de alguma maneira obscura com o que os socialistas chamaram de "igualdade de ser". Um personagem do romance *Aaron's Rod*, de D.H. Lawrence, insinua com tristeza que todos os seres humanos são iguais na alma, só para receber a ríspida resposta de que é lá que eles mais diferem. Que significa então tratar duas pessoas por igual? Sem dúvida, não significa tratá-las da mesma maneira, visto que, se esses indivíduos possuem necessidades e capacidades distintas, o tratamento idêntico acabaria por resultar em injustiça. Foi por esse motivo que Marx, em seu *A crítica ao Programa de Gotha* e alhures, reputou a noção de igualdade como uma típica abstração burguesa, que se modelou furtivamente na troca de mercadorias. O socialismo não está afinal muito interessado na igualdade. Tratar duas pessoas de modo igual deve na verdade significar não dar a elas exatamente o mesmo tratamento, mas cuidar de modo igual de suas diferentes necessidades. Elas não são indivíduos iguais, e sim igualmente indivíduos. E nesse sentido um conceito sensato de igualdade já implica a noção de diferença.

Essa implicação mútua também se manifesta de outras maneiras. Marx acreditava firmemente numa natureza humana comum ou universal, mas considerava a individuação uma parte integrante dela. Trata-se de uma peculiaridade de nossa espécie que sejamos assim constituídos de forma a vivermos nossas naturezas de modo distinto — não apenas no sentido em que inexistem dois tomates de todo idênticos, mas no sentido de que essa individuação representa uma *atividade* da nossa "espécie". Faz parte da vida da nossa espécie passarmos a existir, por meio dos outros, como indivíduos únicos. A diferença é natural para nós; e se quiséssemos um exemplo dessa interação constante de individualidade e universalidade, bastaria voltarmo-nos para o fenômeno da linguagem.[9] Mas diferença e universalidade também são mutuamente implicadas uma vez que, para o liberalismo clássico, a universalidade existe, no final das contas, *por causa* da diferença. Confrontados com as diferenças "naturais" dos seres humanos, precisamos primeiro nos abstrair dessas especificidades para que todas elas resultem em direitos políticos iguais. No entanto, a finalidade dessa abstração reside em levar-nos para um estágio "mais elevado" de diferença, em que todos os indivíduos passam a ter liberdade, proteção e os recursos de que precisam para se desenvolverem cada qual de seu modo distinto.

Temos aí um ideal admirável, ainda que, como chamam atenção os socialistas, o corolário irônico dessas diferenças reais, na sociedade de classes, é derrubar continuamente a própria base de igualdade a partir da qual elas evoluíram. As pessoas serão equiparadas de modo abstrato nos níveis legal e político, só para que nos níveis social e econômico a desigualdade grasse. Considerando que não se pode separar o desenvolvimento individual nesse tipo de organização da exploração dos outros, aspecto esse que os liberais se recusam a admitir, ela vai se revelar um tipo autodestrutivo de ordem social. Na qualidade de crítica imanente dessa cultura, o marxismo aplaude seu grande ideal universalista, pelo qual sente gratidão. Diferentemente de alguns radicais modernos, Marx não considera "burguês" necessariamente "ruim", o que não passaria do tipo de moralismo abstrato e não histórico que os radicais modernos provavelmente desaprovariam. Ao mesmo tempo, porém, o marxismo procura mostrar como na prática esses belos ideais tendem a esmagar toda especificidade sensível. Não existe disputa final entre o marxismo e o pós-modernismo na questão da diferença: toda a ética política de Marx devota-se a libertar a particularidade sensível ou a riqueza integral dos poderes individuais das prisões metafísicas da abstração. Ele apenas reconhece que, se a diferença única de *todo mundo* merece respeito, essa ética deve estender-se pelo universo, processo este que então envolve necessariamente abstração.

Os socialistas, pelo menos os marxistas, costumam receber críticas acaloradas por serem universalistas. Mas se isso por um lado procede, por outro não. Adere-se ao socialismo justamente porque, entre outras razões, a universalidade *não* existe hoje de forma efetiva, apenas no nome e como ideologia. Até agora, nem todo mundo goza de liberdade, felicidade e justiça. O que impede a realização desse propósito decorre, em parte, do próprio falso universalismo que sustenta que se pode alcançá-lo estendendo os valores e liberdades de um setor específico da humanidade, melhor dizendo, do Homem Ocidental, para todo o globo terrestre. O mito do "fim da história" consiste na crença complacente de que isso ou aconteceu agora ou está em vias de acontecer. O socialismo constitui uma crítica a esse falso universalismo, não em nome de um particularismo cultural que com muita frequência nada mais é que uma outra face dele, mas em nome do direito de qualquer pessoa de tratar sua diferença nos mesmos termos das de todo mundo. E nessa transação sem fim, ninguém tem a garantia de que suas diferenças *presentes* vão sobreviver, o que não é de modo algum música para os ouvidos de certos militantes do particularismo nos nossos dias. Nesse sentido, o socialismo desconstrói as oposições do momento entre razão universal e práticas culturais, direitos abstratos e afiliações concretas, liberalismo e comunismo, natureza iluminista e cultura pós-moderna. A resposta para se o mundo está se tornando mais global ou mais local é decerto um enfático sim; mas essas duas dimensões por ora encontram-se num impasse, cada uma empurrando a outra para uma paródia monstruosa de si própria, assim como corporações transnacionais que não conhecem pátria confrontam nacionalismos étnicos que não conhecem nada além disso. Redefinir as relações entre diferença e universalidade é mais do que um exercício teórico; pode tratar-se do indício de qualquer futuro político digno.

Certo tipo de conservador hierárquico à moda antiga, não muito em evidência nos dias de hoje, acredita que as diferenças "inatas" entre os seres humanos se devem traduzir sem demora em termos políticos: àqueles dotados das melhores qualidades de liderança cabe governar. Quase todo mundo hoje tem consciência de que esse ponto de vista ignora o quão pouco "inatas" essas qualidades são na realidade. O exemplo liberal mostra-se ainda mais complexo: as desigualdades "inatas" precisam primeiro passar por um nivelamento artificial pelo aparato do Estado, de forma que cada pessoa tenha mais ou menos as mesmas chances que todas as demais; mas isto vai resultar, num terceiro estágio, no florescimento de uma profusão de diferença e individualidade. Nesse sentido, o liberalismo avança um estágio além do velho conservadorismo; mas também do pós-modernismo. No que diz respeito a essas questões, o pós-modernismo não é liberal nem conservador, mas *libertário*, embora estranhamente, como vimos antes, de um libertarismo sem um sujeito para se libertar. Diferentemente do liberalismo, ele deseja uma diferença que não passe pelo filtro da universalidade para emergir em algum lugar na outra ponta dele, posto que teme que essas diferenças se perderiam no meio do caminho. Mas, uma vez que ele quer propagar a diferença por toda parte, fica difícil não ver isso apenas como uma espécie de universalismo envergonhado. Argumentar que você quer formar uma sociedade em que ninguém pode ser comparado a outras pessoas equivale inevitavelmente a fazer uma afirmação universalista e totalizante. Trata-se, aliás, de uma afirmação que representa o mais puro lugar-comum do romantismo, e portanto não tão pós-modernista quanto pré-modernista. Esses libertários são simplesmente incapazes de dizer como a proliferação de diferenças se aplicaria por toda parte sem envolvê-los nos mesmos discursos que eles reputam opostos a esse objetivo. Por essa razão, o tipo mais sofisticado de teórico pós-moderno não vai, na verdade não pode, rejeitar o universalismo por completo; Jacques Derrida de forma alguma combate meramente o iluminismo, e tampouco o faz o subsequente Michel Foucault.

Os socialistas e os pós-modernistas enfim concordam que o conceito de diferença transcende tanto a ideia de igualdade como a de desigualdade. Foi justamente D.H. Lawrence quem comentou que, quando na presença de outro ser humano, não sentia igualdade nem desigualdade, só diversidade. Mas isso, no caso, poderia fazer sentido no que diz respeito à nossa reação diante de um escravo, mas ele provavelmente não sentiria a *nossa* presença como um mero "outro". Os libertários não conseguem chegar até a democracia burguesa, ao passo que os liberais não conseguem ultrapassá-la. Os dois credos têm em comum, todavia, o fato de reputar a diferença como seu ideal final, por mais diferentes que se possam mostrar essas diferenças. Nesse ponto ambos diferem do socialismo. Para o socialismo, a diferença não constitui o objetivo político último, ainda que possa ser parte dele e inseparável de sua consecução. Uma política baseada apenas na diferença se mostrará incapaz de ir muito além do liberalismo tradicional — e de fato boa parte do pós-modernismo, com seu gosto pela pluralidade, multiplicidade, temporaneidade, antitotalidade, abertura e afins, tem a aparência de um liberalismo acanhado disfarçado de lobo. O objetivo político do socialismo não é se fixar na diferença, que não passa do reverso de um universalismo espúrio, mas a emancipação da diferença no nível da mutualidade ou reciprocidade humana. E isso se mostraria indispensável para a descoberta ou criação de nossas reais diferenças, que no final das contas só podem ser exploradas de forma recíproca, e assim podem acabar por revelar-se diferentes do que hoje achamos delas. Parece-me que não podemos descrever agora exatamente que formas políticas vão propiciar esse processo, pelo jeito que estamos presos entre um universalismo vazio e um particularismo míope. Com efeito, trata-se de um sinal desse dilema que quando teóricos como Adorno chegam a imaginar uma nova forma de totalidade, que deveria aumentar em vez de violar o que é sensoriamente específico, eles tiveram de recorrer, na falta de coisa melhor, à obra de arte.

Quaisquer que sejam essas dificuldades, não se pode negar de modo algum que o respeito pela diferença cultural, ainda que um *sine qua non* de toda sociedade justa, não deve ser seu *telos*, tanto quanto não o deve uma igualdade abstrata. Ao contrário da ética da compaixão, da solidariedade, da bondade, da cooperação mútua, essa cultuação da diferença como fim em si mesma se desmascara e se mostra deveras parcial e empobrecida. As diferenças não podem florescer enquanto homens e mulheres definham sob formas de exploração; e combater com eficácia essas formas implica ideias de humanidade que são necessariamente universais.

O pós-modernismo não é, por certo, apenas uma espécie de equívoco teórico. Ele é, entre outras coisas, a ideologia de uma época histórica específica do Ocidente, em que grupos vituperados e humilhados estão começando a recuperar um pouco de sua história e individualidade. Isso, como argumentei, se constituiu sua conquista mais preciosa; e ninguém de bom senso esperaria que as pessoas envolvidas numa luta penosa por reconhecimento ficarão, de uma hora para outra, muito entusiasmadas com noções transfiguradas de universalidade, sobretudo quando essas ideias nascem de grupos adversários por tradição. Essas concepções soam demasiado convenientes, ainda mais quando elas ainda estão historicamente emaranhadas nas formas mais deletérias de universalidade. Existe de fato um tipo negativo de universalismo; mas também há um tipo negativo de particularismo. Se o universalismo iluminista é exclusivista na prática, o particularismo étnico pode ser exclusivista tanto na prática como na teoria. Pouco se ganha substituindo um pelo outro, e talvez também pouco se ganhe discutindo o assunto agora. Com o aparente descrédito do socialismo, e com a simultânea emergência da assim chamada política de identidade, parece provável que estamos prestes a enfrentar um longo período daquilo que Raymond Williams chamou certa vez de "particularismo militante", que seria bobagem tentar evitar.

Mas existe uma diferença entre ter uma mentalidade histórica e um fatalismo sombrio. Boa parte do pós-modernismo surgiu nos Estados Unidos, ou no mínimo logo criou raízes lá, e reflete alguns dos problemas mais intratáveis daquele país. Talvez seja um pouco etnocêntrico desse antietnocentrismo, embora de forma alguma um gesto desconhecido daquela nação, projetar seu campo de atuação política no mundo de um modo geral. Hoje existe um instituto de estudos pós-modernos na Universidade de Beijing, portanto a China importa Derrida junto com Coca Diet.[10] Se o pós-modernismo constitui uma forma de culturalismo, é porque, entre outras razões, ele se recusa a reconhecer que o que os diferentes grupos étnicos têm em comum em termos sociais e econômicos é, no final das contas, mais importante que suas diferenças. Mais importante para quê? Para os objetivos de sua emancipação política. Ninguém questiona que esses grupos se compõem das vítimas do racismo tanto quanto do capitalismo, tampouco que os antirracistas e os anticapitalistas porfiam um com o outro em saber qual o mais fundamental. Este seria apenas mais um exemplo deplorável da maneira como boa parte da vida acadêmica radical nos Estados Unidos conseguiu traduzir questões políticas urgentes em discursos de um profissionalismo impassível, de forma a transverter vergonhosamente conflitos fora dos limites dos *campi* em contendas sobre defender ou promover remendos acadêmicos, desvencilhar-se de concorrentes radicais no mercado intelectual, garantindo recursos para isso em vez daquele empreendimento de vanguarda. A esquerda sempre teve o dom infalível de causar uma ruptura em si própria antes de o inimigo político conseguir pôr as mãos nela. Trata-se mais de uma questão de alegar que os grupos étnicos que podem unir-se entre si na sua exploração material comum, sem com isso afogar suas diferenças culturais, teriam uma chance muito maior de desmantelar o sistema que os mantêm por baixo que qualquer conjunto de discretas demandas "comunitárias". Essas demandas comunitárias são sem dúvida cruciais; mas você não pode, por exemplo, levantar as questões de posse e controle de propriedade numa linguagem puramente local. O fato de que esse projeto não se está realizando no momento nos Estados Unidos, e no caso em lugar nenhum, não justifica atravancá-lo ainda mais negando sua importância. O culturalismo são os ossos do ofício dos intelectuais literários, e abriu muito bem caminho numa certa leitura da situação política vigente do Ocidente. Mas esses conflitos políticos, no final das contas, não dizem respeito à cultura, a despeito do quão vital a cultura sem dúvida é para aqueles que buscam recuperar suas identidades e heranças. É por causa de seu compromisso com as minorias que o pós-modernismo questiona a noção de uma humanidade genérica; mas é difícil ver como um apelo desses não se faria necessário para defender as minorias da investida racista.

O culturalismo no nosso tempo também assumiu a forma de relativismo cultural, como uma compreensível reação exagerada à racionalidade universal de aparência duvidosa. (Quando enfatizamos, como certa vez observou Jacques Derrida, sempre enfatizamos demais.) Deveríamos começar falando um pouco da racionalidade em si, visto que enquanto alguns pós-modernistas são relutantes em relação a uma racionalidade universal, existem aqueles que só são relutantes em relação à racionalidade. Não é de admirar que o sejam, numa era em que a variedade de recursos cresceu de maneira desproporcional. Podemos esperar num período desses que se comece a confundir objetividade com objetivismo, investigação científica com cientismo. (Embora a cultura pós-moderna tenha seu equivalente estético do cientismo, como na famosa "ausência de emoção" da obra de arte.) Objetividade significa, entre outras coisas, uma abertura descentrada para a realidade dos outros e, na visão dos platônicos, está, nos seus níveis mais emocionais, intimamente ligada ao amor. O fato de isso provavelmente revelar-se impossível no sentido pleno da palavra não deveria impedir-nos de seguir tentando. A razão, na melhor das hipóteses, relaciona-se com generosidade, com ser capaz de admitir a verdade ou justiça da reivindicação do outro mesmo quando ela vai contra os nossos interesses e desejos pessoais. Nesse sentido, ser racional não só envolve certo cálculo frio, mas coragem, realismo, justiça, humildade e nobreza de espírito; não há, por certo, nada de desinteressado nisso. Objetividade, nos seus sentidos mais úteis, refere-se ao *status* de certos tipos de afirmação da verdade ou à natureza de certas espécies de ato da fala. Eu lhe digo que tive um dia terrível, e você o interpreta como alguma declaração subjetiva, que significa que acontece de eu só estar um pouco aborrecido. Você toma o que eu digo como deveria: "Sempre que ouço aquele concerto de Mozart, penso em polir botas." Mas, ao indicar seu erro palmar, saliento que minha fala pretendia ter força objetiva. Foi um dia ruim porque minha filha fugiu levando todas as minhas economias para abrir um *night-club* em Amsterdã. Na verdade, posso acabar descobrindo que me engano: afinal, ela só estava na loja da esquina. Mas, de todo modo, minha declaração teve uma intenção objetiva.

O relativismo cultural, no que tem de mais conflituado, imagina que diferentes culturas são de todo autovalidáveis e mutuamente incomparáveis. Mesmo que houvesse algum tipo de racionalidade em comum entre elas, teria primeiro de ser traduzida dos termos completamente diferentes de cada cultura para depois, pressupondo que elas conseguissem identificá-la, na mesma hora deixar de oferecer campos de conciliação. Quase ninguém reage dessa maneira quando encontra alguém de outra cultura; ninguém de fato se comporta como se *nada* existisse em comum entre eles, por mais que existam dificuldades desanimadoras no diálogo mútuo. Mas o exemplo sobreviveu obstinadamente à sua implausibilidade empírica. Se as culturas são internamente autovalidáveis, então seria da mais absoluta arrogância que nossa cultura tentasse julgar alguma outra. Mas, pela mesma razão, essas outras culturas não poderiam julgar a nossa. O corolário de não ser capaz de dizer algo a alguém é que eles também não podem dizer-lhe coisa alguma. O "antietnocentrismo" pós-moderno deixa assim nossa cultura convenientemente ilhada de qualquer crítica alheia. Todas aquelas lamúrias antiocidentais do assim chamado terceiro mundo podem ser ignoradas com segurança, uma vez que eles estão interpretando nossa conduta segundo termos irrelevantes para nós.

Há ainda outra circunstância, importante para o culturalismo, em que o particular e o universal não se conflitam necessariamente. Podem-se criticar as culturas por critérios universalistas não só do ponto de vista de alguma outra cultura, como também do ponto de vista dela mesma. Nas palavras de Charles Taylor, esse "panorama moral ... gera uma crítica impiedosa de todas aquelas crenças e práticas dentro de nossa sociedade que não conseguem alcançar o padrão de respeito universal".[11] Não se trata apenas de uma questão de intervir na cultura de outros povos, mas de intervir na nossa. As feministas da Bélgica ou de Bornéu que protestam que lá se privam as mulheres da plena humanidade estão fazendo esse exato apelo. No que diz respeito ao "etnocentrismo", encontramo-nos agora mergulhados na situação um tanto absurda de renunciar por sentimento de culpa a ideias ocidentais justo quando algumas delas poderiam mostrar-se de certa serventia para críticos políticos do mundo neocolonial. O legado do colonialismo deixou compreensivelmente doentes todos os bons liberais e pós-modernos do Ocidente que, num acesso de autodesprezo cultural, estão correndo para desconstruir algumas das mesmas noções que podiam revelar-se úteis para aqueles reprimidos pelas próprias histórias durante tanto tempo. Não quero, claro está, sugerir com isso que a oposição política neocolonial deveria ajustar-se obedientemente ao iluminismo ocidental, que foi no mínimo tanto parte do problema como da solução. Entretanto, os radicais do Ocidente que consideram a própria cultura de pouco ou nenhum valor, e que portanto não veem com bons olhos a possibilidade de outros valorizarem partes dela, assumem uma atitude curiosamente reverencial em relação às ideias ocidentais. É como se eles não pudessem imaginar essas ideias sendo transformadas, retrabalhadas, radicalmente redirecionadas, assim como não o podem alguns de seus adversários conservadores. Falta-lhes a força do inquestionável *slogan* de Bertolt Brecht: "Use o que pode e, se você não pode, não use", ou da recomendação tática de Walter Benjamin: "Arrecade todas as coisas que puder porque você nunca sabe quando elas vão estar disponíveis." Quem é pretensioso o suficiente para vaticinar que a poesia de amor medieval não vai revelar-se um recurso mais valioso em alguma luta política que os escritos dos trotskistas surrealistas? Os radicais são assim tão partidários da ideia do significado fixo do texto? Que insulto para a classe trabalhadora do Ocidente, cujo trabalho se situa na base dessas culturas, informá-los com afetação que eles não passam de opressores! E de que modo conveniente esses gestos histriônicos servem para reforçar formas de etnocentrismo até no assim chamado terceiro mundo, dessa forma só transportando o monstro de uma esfera para outra.

A ideia de universalidade envolve o conceito de identidade: para certos objetivos políticos, mas de jeito nenhum para todos os objetivos, se devem tratar os indivíduos da mesma forma. "Identidade" significa aqui, por exemplo, que você não tem mais direito a uma maior autoridade política que eu só porque por acaso seu pai é o Lorde Tenente de Shropshire. No entanto, a identidade se constitui um dos maiores bichos-papões do pensamento pós-moderno, numa época em que muitíssimas pessoas definham por falta dela. Baixa autoestima é tão disseminada quanto visão fraca, e muito mais debilitante. Só nossos governantes não precisam identificar-se com nenhuma certeza, porque assumem com falsidade que sabem exatamente quem são. Uma identidade razoavelmente segura, em comparação a uma identidade paranoicamente coesiva, representa uma condição necessária para o bem-estar humano, e os pós-modernistas que deixam de mencionar esse fato estão dando provas de irresponsabilidade moral. Nem o sujeito que não pode nomear-se, nem aquele que o faz bem demais está apto para ser um agente eficaz de transformação social.

O que o pós-modernismo tem contra a identidade, no sentido de uniformidade, é a pluralidade, que ele curiosamente acredita ser um bem inequivocamente positivo. Em seu estudo *Contingencies of Value*, Barbara Hernstein Smith argumenta que "talvez seja bom para a 'nossa sociedade' que suas normas sejam uma 'mixórdia', que constantemente se multipliquem, colidam e transformem umas as outras, que se negociem *ad hoc* conflitos de julgamento, que a própria autoridade normativa seja múltipla e esteja sempre mudando de mãos, se fortalecendo e se tornando difusa de modo variado".[12] É interessante observar aquelas aspas nervosas abrigando a frase "nossa sociedade", quando a autora se vê forçada a uma totalização que de outro modo ela renegaria. Não soubemos de antemão que os Estados Unidos representavam certo tipo de utopia carnavalesca, mas valeu a pena descobrir que tudo que ouvimos falar de conflito racial, fundamentalismo religioso, poder corporativo e reação patriarcal não passou de propaganda vermelha.[13] Perguntamo-nos se os ativistas políticos da América Latina conseguiram enfim apreciar a maneira humilde, improvisada como os EUA resolvem conflitos de julgamento político, ou se o *lobby* de armas revela uma miscelânea pós-moderna de normas sempre variáveis. Talvez Hernstein Smith, junto com quase todos os teóricos pós-modernistas, imaginasse a diferença, a variabilidade e a heterogeneidade como bens "absolutos", posição esta que eu mesmo sustentei por muito tempo. Sempre me pareceu de uma pobreza desmedida que a vida social britânica abarcasse apenas dois ou três partidos fascistas. Também temos de suportar um número muito pequeno de classes sociais, ao passo que, se tomássemos ao pé da letra o imperativo pós-moderno de multiplicar diferenças, iríamos lutar para criar o máximo possível delas, digamos, duas ou três burguesias e um monte de aristocracias latifundiárias.

A opinião de que a pluralidade[14] constitui um bem por si só revela-se de um formalismo vazio e alarmantemente não histórico. O mesmo se pode dizer da visão da identidade como negativa por si só. O pós-modernismo tende para um monismo dogmático acerca do pluralismo, que com efeito representa com *muita frequência* um bem, mas nem sempre. A política pós-modernista baseia-se sobretudo na oposição entre identidade e não identidade: devemos rejeitar basicamente, talvez nos sentíssemos tentados a dizer "absolutamente", a soberania da autoidentidade sobre a não identidade e a diferença. Essa ética política falou com impressionante eloquência a certos tipos de conflito contemporâneo; mas, vista de um modo geral, mostra-se de uma parcialidade e de um simplismo pujantes. *Toda* exclusão violenta do outro merece censura? Expulsar os ingleses da Índia e os portugueses de Angola? Como ela se conduz para situações de exploração — o serviço público de Birmingham, por exemplo, ou as lojas que exploram empregados do sudeste asiático — onde não há nenhum confronto especialmente dramático entre identidade e não identidade? Ou o pós-modernismo está mais uma vez modelando todas as situações políticas pelas suas mais privilegiadas, em ofensa aos seus princípios pluralistas? Católicos e protestantes da Irlanda do Norte em certos aspectos confrontam-se como se fossem estrangeiros e temem a dissolução de suas identidades culturais pela contaminação do outro. Esse ângulo da situação, mas em geral só esse, o pós-modernismo compreende bem. Em outros aspectos, entretanto, católicos e protestantes da Irlanda do Norte não se sentem de modo algum estrangeiros entre si em termos culturais: compartilham o mesmo tipo de cultura da classe trabalhadora, com certas variantes religiosas importantes, e costumam se entender bem demais. O conflito na Irlanda do Norte tem um pouco a ver com identidade cultural, mas muito mais a ver com rivalidade entre dois grupos que devem fidelidade a diferentes Estados políticos. Existe sem dúvida um contexto étnico e cultural para essas afinidades políticas incompatíveis, que, entretanto, não é absolutamente decisivo. Protestantes do Ulster de um modo geral querem permanecer britânicos, não por considerarem invasores culturais aqueles que falam irlandês ou rezam o rosário, mas porque agindo assim podem manter sua hegemonia política junto com um melhor padrão de vida. Este último argumento alguns pós-modernistas rotulariam de "economicista", embora se pretendesse "materialista".

A universalidade não se resume a uma ilusão ideológica. Ao contrário, representa a única característica mais palpável de nosso mundo político. Não se trata apenas de uma ideia que podemos escolher ou combater quando você se sente de repente impelido para a teoria, mas da estrutura da própria realidade global. Como escreve Justin Rosenberg: "Pelo fim do século XX ... a obstinação fica patente em todo aquele que tenta negar a necessidade de explicação histórica, sistemática, de grande alcance. Pois essa foi uma era de guerras globais, de conflitos ideológicos sobrepostos a um sistema de Estado global, de ascensões e quedas repentinas com impacto mundial e de desafios (ecológicos e políticos) que agora confrontam a raça humana inteira."[15] Precisamos perguntar-nos por que então, justo no momento histórico em que esse sistema estava se tornado mais "total" que nunca, alguns intelectuais radicais começaram a denunciar toda a noção de totalidade como um sonho ruim. Será que foi, entre outras coisas, porque, fixados no fascismo ou no stalinismo, eles só podiam conceber o tipo de totalidade mais do que óbvia do "totalitarismo"? Como sabem muito bem os ambientalistas, a universalidade significa, no final das contas, que vivemos no mesmo pequeno planeta; e embora possamos esquecer da totalidade, ela por certo não nos vai esquecer.

Chegamos finalmente ao "humanista", um termo deturpado por seus diversos significados incompatíveis entre si. Há um sentido ético da palavra que consiste na crença de que seres humanos merecem compaixão e respeito; um sentido sociológico que diz que as estruturas sociais se interpretam melhor como produtos de agentes humanos; e um sentido histórico, denotando períodos como o Renascimento, em que o "homem" se torna o centro das atenções acadêmicas. Este último significado pode ou não abranger ainda outro sentido do termo: a crença de que existe uma distinção importante entre os seres humanos e os outros animais, talvez, embora não necessariamente, com o corolário de que os primeiros deveriam reinar soberanos sobre os outros. Mas a palavra também pode insinuar a soberania do homem em oposição à soberania divina ou sobrenatural, quando ela se torna um sinônimo mais efetivo para ateísmo ou agnosticismo, e se combina à ideia de uma visão de mundo "naturalista". Para essa doutrina iluminista, faz parte da dignidade dos seres humanos que eles devem confiar nas próprias capacidades e não em algum poder transcendente. Isto, por sua vez, pode se juntar a mais um significado de "humanista" — autodesenvolvimento ou autoaperfeiçoamento, em geral com implicações progressistas ou até mesmo utópicas. Essa crença, entretanto, não precisa ser antissupranaturalista, como no caso de vários humanistas cristãos do Ocidente.

É evidente que podemos ser humanistas em alguns desses sentidos e em outros não. Quase ninguém é anti-humanista no sentido de advogar que se deveriam ferver vivas as outras pessoas, mas muita gente é anti-humanista no sentido de considerar que os agentes humanos devem ser vistos como os produtos de sistemas sociais e não como produtores deles. Você pode ser um humanista no sentido de não encontrar valor em Deus, mas anti-humanista em não ver valor nos seres humanos também. Com efeito, temos aqui uma avaliação tipicamente conservadora de humanidade, partilhada pelas alas mais apocalípticas da ecologia. Você pode, como Espinosa, ser um anti-humanista filosófico no sentido de negar liberdade de arbítrio e considerar os seres humanos efeitos de algum determinismo inexorável, ainda permanecendo, também como Espinosa, um devoto humanista no que diz respeito à vida ética. Ou você pode dar especial valor à humanidade sem defender a prerrogativa de que existe uma espécie de abismo ontológico entre os seres humanos e as cascavéis, ou que as cascavéis só existem para nosso deleite. No entanto, a maior controvérsia reside na questão sobre se a pessoa é humanista porque acredita em uma essência humana ou natureza comum, por causa de certas propriedades importantes que os seres humanos compartilham em virtude de sua condição humana, e que têm implicações éticas e políticas. É esse sentido do termo que os pós-modernistas em geral recusam, e que seus adversários adoram promover.

6. Contradições

A maior contradição do pós-modernismo é um pouco como aquela do velho estruturalismo. O estruturalismo era radical ou conservador? É fácil demais perceber como ele se comportou como uma espécie de tecnocracia do espírito, a penetração final do impulso racionalizante de modernidade no santuário interior do sujeito. Com seus códigos rigorosos, esquemas universais e reducionismo obstinado, ele refletia na esfera do *Geist* uma materialização já aparente na realidade. Mas isso é só um lado da história. Pois, ao estender à mente a lógica da tecnocracia, o estruturalismo escandalizou o humanismo liberal cuja tarefa era preservar a vida da mente de qualquer redução simplista assim. E esse humanismo liberal foi uma das ideologias dominantes da sociedade tecnocrática em si. Nesse sentido, o estruturalismo era ao mesmo tempo radical e conservador, conspirando com estratégias do capitalismo moderno de uma forma altamente conflitante com seus valores supremos. É como se, ao pressionar até não poder mais um tipo de determinismo tecnológico para a própria mente, ao tratar os indivíduos como meros espaços vazios de códigos impessoais, ele imitasse a maneira com que a sociedade moderna na verdade os trata mas finge que não, dessa forma endossando sua lógica enquanto desmascara seus ideais. "Sistema", escreve Roland Barthes, "é o inimigo do Homem" — querendo dizer com isso, sem dúvida, que para o humanismo o sujeito é sempre aquele que é radicalmente irredutível, aquele que vai infiltrar-se pelas fendas de suas categorias e devastar suas estruturas.

Há um tipo parecido de contradição incorporada ao pós-modernismo, que também é simultaneamente radical e conservadora. Uma característica marcante das sociedades capitalistas avançadas encontra-se no fato de elas serem tanto libertárias como autoritárias, tanto hedonistas como repressoras, tanto múltiplas como monolíticas. E não é difícil descobrir a razão disso. A lógica do mercado é de prazer e pluralidade, do efêmero e descontínuo, de uma grande rede descentrada de desejo da qual os indivíduos surgem como meros reflexos passageiros. Mas manter em ação toda essa anarquia potencial requer bases sólidas e uma estrutura política sólida. Quanto mais as forças de mercado ameaçam subverter toda a estabilidade, mais teremos de insistir nos valores tradicionais. Não é incomum encontrar políticos britânicos que toleram a comercialização do rádio mas ficam horrorizados com poemas sem rima. Todavia, quanto mais esse sistema apela para valores metafísicos para se legitimizar, mais suas atividades racionalizantes, secularizantes ameaçam esvaziá-los. Esses regimes não podem nem abandonar o metafísico nem acomodá-lo de modo adequado, e por isso estão sempre potencialmente desconstruindo a si próprios.

As ambivalências políticas do pós-modernismo combinam perfeitamente com essa contradição. Podemos arriscar, numa primeira aproximação por alto, que muito do pós-modernismo é de oposição em termos políticos mas cúmplice em termos econômicos. Isto, entretanto, exige uma boa afinação. O pós-modernismo é radical na medida em que desafia o sistema que ainda precisa de valores absolutos, fundamentos metafísicos e sujeitos autoidênticos; contra essas coisas ele mobiliza a multiplicidade, a não identidade, a transgressão, o antifundamentalismo, o relativismo cultural. O resultado, na melhor das hipóteses, é uma subversão engenhosa do sistema de valores dominante, pelo menos no nível da teoria. Existem executivos que ouviram tudo sobre desconstrução e reagem a ela de forma bem parecida com a que os fundamentalistas reagem ao ateísmo. Na verdade, eles estão certíssimos de agir assim, visto que a desconstrução, em suas formas mais politizadas, representa de fato um assalto contra muito do que a maioria dos profissionais de negócios mais amam. Mas o pós-modernismo costuma deixar de reconhecer que o que funciona no nível da ideologia nem sempre funciona no nível de mercado. Se o sistema necessita de um sujeito autônomo no tribunal de justiça ou na cabine de votação, na mídia e nos shopping centers esse sujeito de quase nada lhe serve. Nesses setores, pluralidade, desejo, fragmentação e congêneres são tão nativos para nosso modo de vida como o carvão o era para Newcastle antes de Margaret Thatcher pôr as mãos nele. Muitos profissionais de negócios são nesse sentido pós-modernos naturais. O capitalismo é a ordem mais pluralista que a história já conheceu, sempre transgredindo limites e desmantelando oposições, misturando formas distintas de vida e sempre excedendo a medida. Toda essa pluralidade, é preciso dizer, opera dentro de limites muito rigorosos; mas isso ajuda a explicar por que alguns pós-modernistas sonham avidamente com um futuro híbrido, enquanto outros estão convencidos de que esse futuro já chegou.

O pós-modernismo, em suma, rouba um pouco da lógica material do capitalismo avançado e a volta agressivamente contra seus fundamentos espirituais. E nisso apresenta mais que uma semelhança passageira com o estruturalismo, que foi uma de suas origens remotas. É como se ele estivesse instando o sistema, como seu grande mentor Friedrich Nietzsche, a esquecer seus fundamentos metafísicos, reconhecer que Deus está morto e simplesmente tornar-se relativista. Então, pelo menos, ele pode trocar um bocado de segurança por um pouco de atualidade. Por que confessar tão só que seus valores são tão precariamente infundados como os de todo mundo? Isto não o deixaria vulnerável ao ataque, uma vez que você só demoliu astutamente qualquer ponto de vista de onde poderia partir alguma ofensiva. De todo modo, o tipo de valores que tem raízes no que você faz, que reflete a crua realidade social e não o pomposo ideal moral, tende a ser bem mais convincente que muita conversa nebulosa sobre progresso, razão e a especial afeição de Deus pela pátria.

Mas para os filósofos pragmáticos está muito bom argumentar dessa forma. Aqueles que carregam o fardo de conduzir o sistema têm consciência de que as ideologias estão em ação para *legitimar*, e não só refletir, o que você faz. Eles não podem simplesmente descartar esses fundamentos lógicos fastuosos, sobretudo porque muita gente ainda acredita neles, na verdade aderem a eles com mais tenacidade ainda quando sentem o chão tremer sob seus pés. A mercadoria, com a devida vênia a Adorno, não pode ser a própria ideologia, pelo menos por enquanto. Poderíamos imaginar uma fase futura do sistema em que isso seria verdade, em que ele fez um curso em alguma universidade norte-americana, livrou-se dos próprios fundamentos e deixou para trás toda essa história de legitimação retórica. Com efeito, existem aqueles que alegam que é precisamente isso que está em marcha hoje: que a "hegemonia" não tem mais relevância, que o sistema não se importa se acreditamos nele ou não, que ele não sente necessidade de garantir nossa cumplicidade espiritual desde que façamos mais ou menos o que ele exige. Ele não tem mais de passar pela consciência humana para se reproduzir, só manter essa consciência em permanente estado de distração e contar, para sua reprodução, com seus mecanismos automatizados. Mas o pós-modernismo pertence nesse aspecto a uma época de transição, em que o metafísico, como um fantasma inquieto, não pode nem ressuscitar nem morrer com dignidade. Se ele pudesse deixar de existir, o pós-modernismo sem dúvida morreria com ele.

Preciso terminar, infelizmente, com uma observação sinistra. O pensamento pós-moderno de fim-da-história não antevê um futuro para nós muito diferente do presente, perspectiva que ele curiosamente vê como motivo de comemoração. Mas há de fato a possibilidade de um futuro desses entre vários, e ele se chama fascismo. O maior teste do pós-modernismo, ou no caso de qualquer outra doutrina política, é como ele poderia chegar a isso. O conjunto da sua obra acerca do racismo e da etnicidade, da paranoia de pensar a identidade, dos perigos da totalidade e do medo da diferença: tudo isso, junto com seus *insights* aprofundados sobre as artimanhas do poder, sem dúvida revelar-se-ia de considerável valor. Mas seu relativismo cultural e seu convencionalismo moral, seu ceticismo, pragmatismo e bairrismo, seu desagrado com ideias de solidariedade e organização disciplinada, sua falta de qualquer teoria adequada de ação política: tudo isso ia depor muito contra ele. No confronto com seus adversários políticos, a esquerda, hoje mais que nunca, precisa de sólidos fundamentos éticos e mesmo antropológicos: é provável que nada menos que isso nos possa suprir dos recursos políticos de que necessitamos. E, nessa área, o pós-modernismo acaba sendo mais parte do problema que da solução.

NOTAS

1. PRIMÓRDIOS

1. Morley, David e Kuan-Hsing Chen (orgs.), *Stuart Hall: Critical Dialogues* (Londres, 1996), p.226.

2. AMBIVALÊNCIAS

1. Estou dizendo que o pós-modernismo *ajudou* a colocar essas questões na pauta política; mas os movimentos das mulheres e dos direitos civis na verdade o precederam, e nem todos esses ativistas definiriam sua política em termos pós-modernistas.

2. Osborne Peter, *The Politics of Time* (Londres, 1995), p.157.

3. Uma fantasia pós-moderna correlata, mais uma vez só invertendo a metafísica tradicional, consiste em alegar a inutilidade do conceito de ideologia porque ele implica, como seu oposto, uma verdade absoluta. Você não precisa de um acesso privilegiado à verdade absoluta para criticar o discurso racista.

4. Williams discorre sobre "uma assunção sobre racionalidade, no sentido de que não se pode avaliar duas considerações opondo uma à outra, a menos que exista uma consideração comum em termos da qual se pode compará-las. Essa assunção é ao mesmo tempo muito poderosa e completamente infundada. À parte o lado ético, as considerações estéticas podem ser confrontadas com as econômicas (por exemplo) sem ser uma aplicação delas, e nenhuma delas sendo um exemplo de um terceiro tipo de consideração" (*Ethics and the Limits of Philosophy*, Cambridge, Mass., 1985, p.17).

3. HISTÓRIAS

1. Mulhern, Francis (org.), *Contemporary Marxist Literary Criticism* (Londres, 1992), p.22.

2. Adorno, Theodor W., *Negative Dialetics* (Londres, 1973), p.320.

3. "Em vez de cantar a ideia do advento da democracia liberal e do mercado capitalista na euforia do fim da história, em vez de comemorar o "fim das ideologias"

e o fim dos grandes discursos emancipatórios, não nos permitamos jamais negligenciar esse fato macroscópico óbvio, composto de inumeráveis zonas singulares de sofrimento: nenhum nível de progresso nos autoriza a ignorar que nunca antes, em termos absolutos, nunca tantos homens, mulheres e crianças foram subjugados, sujeitos à fome ou exterminados na terra" (Jacques Derrida, *Specters of Marx*, Londres, 1994, p.85.) Poderíamos acrescentar, todavia, que, se o sofrimento de fato aumentou, de modo geral também aumentou nossa sensibilidade a ele. A importância que os tempos modernos dão ao alívio e à remoção do sofrimento constitui uma marca de sua diferença em relação às sociedades pré-iluministas.

4. Michel Foucault reconhecidamente vê o poder como capacitador; isto, porém, não equivale a um juízo moral que diz que ele pode ser benéfico.

5. Esse culturalismo também marcou o assim chamado discurso pós-colonial, que teve bastantes coisas relevantes a dizer de identidade, representação e afins, mas que com muita frequência evitou as questões de exploração econômica. Qualquer que seja a principal fonte de conflito entre Norte e Sul, ela certamente não é a "cultura".

6. Ver o meu *Ideology: An Introduction* (Londres, 1991), em que discuto essas questões e outras afins.

7. Wood, Ellen Meiksins, "Introduction", *Monthly Review* (julho/agosto, 1995), p.4.

4. Sujeitos

1. Ver Taylor, Charles, "Atomism", in *Philosophy and the Human Sciences: Philosophical Papers*, vol. 2 (Cambridge, 1985), p.188-210.

2. Ver Peffer, R.G., *Marxism, Morality, and Social Justice* (Princeton, 1990), Parte 1.

3. Ver, por exemplo, MacIntyre, Alasdair, *After Virtue: A Study in Moral Theory* (Londres, 1981) e Taylor, Charles, *Sources of the Self* (Cambridge, 1989). Para um relato lúcido da briga entre liberais e comunistas sob o ponto de vista dos primeiros, ver Kymlicka, Will, *Liberalism, Community and Culture* (Oxford, 1989), cap.3.

4. Não se trata de um preconceito etnocêntrico de que só o Ocidente próspero pode virar socialista, apenas a tradicional insistência marxista em que, se você tentar erigir o socialismo isoladamente, sem ajuda e em condições desesperadamente retrógradas, você corre o sério risco de cair no stalinismo. É claro que se pode iniciar o projeto socialista onde ele no momento se mostra mais premente, nos explorados territórios neocoloniais — mas não sem o auxílio e a solidariedade daquelas nações que por tradição os exploraram, o que viria assim a exigir uma transformação socialista desses países também. Decerto esse é o significado essencial da alegação de que o socialismo ou acaba sendo internacional, ou então não é nada.

5. Williams, Raymond, *Culture and Society 1780-1950* (Harmondsworth, 1985), p.304, 318, 320.

6. Para as relações entre humanismo republicano e socialismo, ver Eagleton, Terry, "Desconstruction and Human Rights", in Barbara Johnson (org.), *Freedom and Interpretation* (Nova York, 1993).

7. Adotei esse ponto de vista de Kymlicka, *Liberalism, Community and Culture*, p.66.

5. Falácias

1. Taylor, Charles, *Sources of the Self* (Cambridge, 1989), p.28.

2. Hallet, Garth L., *Essentialism: A Wittgensteinian Critique* (Nova York, 1991), p.2. Trata-se, de um modo geral, de um tipo similar de forte essencialismo, que é convenientemente criticado por Penelope Mackie em "How Things Might Have Been: A Study in Essentialism" (tese de doutorado, Universidade de Oxford, 1987). Ver também Nussbaum, Martha, "Human Functioning and Social Justice: In Deference of Aristotelian Essentialism", *Political Theory*, 20, n.2 (1992).

3. Ver Meikle, S., *Essentialism in the Work of Karl Marx* (Londres, 1985) e Geras, Norman, *Marx and Human Nature* (Londres, 1983).

4. Turner, Denys, *Marxism and Christianity* (Oxford, 1983), p.86.

5. A nota 4 do capítulo anterior deixou claro que isso de fato não é necessariamente uma teoria linear ou etapista da história.

6. Ver contudo Fairlamb, Horace L., *Critical Conditions: Postmodernity and the Question of Foundations* (Cambridge, 1994), que argumenta de modo interessante em favor de um caso pluralista sobre fundamentos epistemológicos.

7. "Tende ao" antiuniversalismo, uma vez que existem filósofos pós-modernos que não descartam a ideia de todo, mas procuram retrabalhá-la. Estou falando aqui mais do teor geral da cultura pós-moderna, sobretudo nas suas formas menos astutas e mais "populares" de pensamento.

8. Rorty Richard, *Contingency, Irony, and Solidarity* (Cambridge, 1989), p.191.

9. Ver Frank, Manfred, *What Is Neostructuralism?* (Minneapolis, 1989).

10. Uma deturpação do tempo que requer maior exploração. Os processos coloniais que ajudaram, tanto para o bem como para o mal, a privar as sociedades do terceiro mundo de uma modernidade desenvolvida agora sucumbiram, em sua maioria, aos processos neocoloniais pelos quais aquelas estruturas ainda parcialmente pré-modernas são sugadas para dentro do vórtice da pós-modernidade do Ocidente. A pós-modernidade despida de uma modernidade evoluída de que provém é portanto cada vez mais o destino dessas sociedades, assim como o atraso gera uma forma de prematuridade. Uma contradição adicional é que essa penosa tensão entre o arcaico e a vanguarda reproduz então, no nível cultural, um pouco das condições clássicas de uma arte *modernista*.

11. Taylor, *Sources of the Self*, p.67-8.

12. Smith, Barbara Hernstein, *Contingencies of Value* (Cambridge, Mass., 1988), p.94.

13. Deveríamos lembrar que os Estados Unidos são um país com uma herança revolucionária e uma história relativamente recente de luta de classe feroz e corajosa, que em 1968 reuniu o maior comício pela paz que a história já testemunhou, dirigido contra o próprio governo. Aqueles seus radicais que lutam para manter essas tradições preciosas em condições desfavoráveis merecem o mais elevado elogio.

14. Para alguns teóricos pós-modernistas, o termo "pluralidade" parece singular demais para o que é. Por isso eles preferem "pluralidades". Mas isso também pode soar algo restritivo. Talvez um "pluralismo de pluralidades" seria bem menos monolítico.

15. Rosenberg, Justin, "Hobsbawm's Century", *Monthly Review*, 47, n.3 (julho/agosto, 1995), p.154.

Índice Remissivo